現代文
共通テスト対策のエッセンス

問題

駿台文庫

第Ⅰ章　論理国語・実用国語

「大学入学共通テスト」では、〈論理的文章〉が主であるが、それに〈実用的文章〉が組み合わされて〈複合型テクスト〉が出題される場合もある。また、表やグラフ・写真や図などが埋め込まれた〈混成型テクスト〉が出題され、文章と図表との関連や、図表のはたらきを問う設問が出題されることも特徴である。中心となる〈論理的文章〉の読解法をマスターすることが第一だが、それに加え、図表を含む複数の資料を見渡して、関連性を把握し、必要な情報を見つけ出す、といったことに慣れる必要もある。そうした意識をもって問題演習を重ねていこう。

第1問　次の**【資料Ⅰ】**は、**【資料Ⅱ】**と**【文章】**を参考に作成しているポスターである。**【資料Ⅱ】**は著作権法（二〇一六年改正）の条文の一部であり、**【文章】**は名《な》和《わ》小《こ》太郎《たろう》の『著作権2.0　ウェブ時代の文化発展をめざして』（二〇一〇年）の一部である。これらを読んで、後の問い（**問1～6**）に答えよ。なお、設問の都合で**【文章】**の本文の段落に 1 ～ 18 の番号を付し、表記を一部改めている。（配点　50）

【資料Ⅰ】

著作権のイロハ

著作物とは（「著作権法」第二条の一より）

☑「思想または感情」を表現したもの
☑ 思想または感情を「創作的」に表現したもの
☑ 思想または感情を「表現」したもの
☑「文芸、学術、美術、音楽の範囲」に属するもの

著作物の例

言語	音楽
・小説 ・脚本 ・講演　等	・楽曲 ・楽曲を伴う歌詞　等

舞踏・無言劇	美術	地図・図形
・ダンス ・日本舞踊 ・振り付け　等	・絵画 ・版画 ・彫刻　等	・学術的な図面 ・図表 ・立体図　等

著作権の例外規定（権利者の了解を得ずに著作物を利用できる）

〈例〉市民楽団が市民ホールで行う演奏会

【例外となるための条件】

a

【資料Ⅱ】

「著作権法」（抄）

（目的）

第一条　この法律は、著作物並びに実演、レコード、放送及び有線放送に関し著作者の権利及びこれに隣接する権利を定め、これらの文化的所産の公正な利用に留意しつつ、著作者等の権利の保護を図り、もつて文化の発展に寄与することを目的とする。

（定義）

第二条　この法律において、次の各号に掲げる用語の意義は、当該各号に定めるところによる。

一　著作物　思想又は感情を創作的に表現したものであつて、文芸、学術、美術又は音楽の範囲に属するものをいう。

二　著作者　著作物を創作する者をいう。

三　実演　著作物を、演劇的に演じ、舞い、演奏し、歌い、口演し、朗詠し、又はその他の方法により演ずること（これらに類する行為で、著作物を演じないが芸能的な性質を有するものを含む。）をいう。

（技術の開発又は実用化のための試験の用に供するための利用）

第三十条の四　公表された著作物は、著作物の録音、録画その他の利用に係る技術の開発又は実用化のための試験の用に供する場合には、その必要と認められる限度において、利用することができる。

（営利を目的としない上演等）

第三十八条　公表された著作物は、営利を目的とせず、かつ、聴衆又は観衆から料金（いずれの名義をもつてするかを問わず、著作物の提供又は提示につき受ける対価をいう。以下この条において同じ。）を受けない場合には、公に上演し、演奏し、上映し、又は口述することができる。ただし、当該上演、演奏、上映又は口述について実演家又は口述を行う者に対し報酬が支払われる場合は、この限りでない。

（時事の事件の報道のための利用）

第四十一条　写真、映画、放送その他の方法によつて時事の事件を報道する場合には、当該事件を構成し、又は当該事件の過程において見られ、若しくは聞かれる著作物は、報道の目的上正当な範囲内において、複製し、及び当該事件の報道に伴つて利用することができる。

【文章】

1 著作者は最初の作品を何らかの実体――記録メディア――に載せて発表する。その実体は紙であったり、カンバスであったり、空気振動であったり、光ディスクであったりする。この最初の作品をそれが載せられた実体とともに「原作品」――オリジナル――と呼ぶ。

2 著作権法は、じつは、この原作品のなかに存在するエッセンスを引き出して「著作物」と定義していることになる。そのエッセンスとは何か。A記録メディアから剝がされた記号列になる。著作権が対象とするものは原作品ではなく、この記号列としての著作物である。

3 論理的には、著作権法のコントロール対象は著作物である。しかし、そのコントロールは著作物という概念を介して物理的な実体――複製物など――へと及ぶのである。現実の作品は、物理的には、あるいは消失し、あるいは拡散してしまう。だが著作権法は、著作物を頑丈な概念として扱う。

4 もう一言。著作物は、かりに原作品が壊されても盗まれても、保護期間内であれば、存在する。破れた書籍のなかにも、音程を外した歌唱のなかにも、そのまま存続する。また、現代のプラトニズム、とも言える。

キーワード	排除されるもの
思想または感情	外界にあるもの（事実、法則など）
創作的	ありふれたもの
表現	発見、着想
文芸、学術、美術、音楽の範囲	実用のもの

表1　著作物の定義

5 著作物は、多様な姿、形をしている。繰り返せば、テキストに限っても――そして保護期間について眼をつむれば――それは神話、叙事詩、叙情詩、法典、教典、小説、哲学書、歴史書、新聞記事、理工系論文に及ぶ。いっぽう、表1の定義に(ア)ガッチするものを上記の例示から拾うと、もっとも(イ)テキゴウするものは叙情詩、逆に、定義になじみにくいものが理工系論文、あるいは新聞記事ということになる。理工系論文、新聞記事には、表1から排除される要素を多く含んでいる。

6 ということで、著作権法にいう著作物の定義は叙情詩をモデルにしたものであり、したがって、著作権の扱いについても、その侵害の有無を含めて、この叙情詩モデルを通しているのである。それはテキストにとどまらない。地図であっても、伽藍《がらん》であっても、ラップであっても、プログラムであっても、それを叙情詩として扱うのである。

7 だが、ここには無方式主義（注1）という原則がある。このために、著作権法は叙情詩モデルを尺度として使えば排除されてしまうようなものまで、著作物として認めてしまうことになる。

	叙情詩型	理工系論文型
何が特色	表現	着想、論理、事実
誰が記述	私	誰でも
どんな記述法	主観的	客観的
どんな対象	一回的	普遍的
他テキストとの関係	なし（自立的）	累積的
誰の価値	自分	万人

表2　テキストの型

8 叙情詩モデルについて続ける。このモデルの意味を確かめるために、その特性を表2として示そう。比較のために叙情詩の対極にあると見られる理工系論文の特性も並べておく。

9 B 表2は、具体的な著作物――テキスト――について、表1を再構成したものである。ここに見るように、叙情詩型のテキストの特徴は、「私」が「自分」の価値として「一回的」な対象を「主観的」に「表現」として示したものとなる。逆に、理工系論文の特徴は、「誰」かが「万人」の価値として「普遍的」な対象について「客観的」に「着想」や「論理」や「事実」を示すものとなる。

10 話がくどくなるが続ける。二人の詩人が（注2）「太郎を眠らせ、太郎の屋根に雪ふりつむ。」というテキストを同時にべつべつに発表することは、確率的に見てほとんどゼロである。このように、叙情詩型のテキストであれば、表現の希少性は高く、したがってその著作物性――著作権の濃さ――は高い。

11 いっぽう、誰が解読しても、特定の生物種の特定の染色体の特定の遺伝子に対するＤＮＡ配列は同じ表現になる。こちらの著作物性は低く、したがって著作権法のコントロール領域の外へはじき出されてしまう。その記号列にどれほど研究者のアイデンティティが凝縮していようと、どれほどコストや時間が投入されていようと、どれほどの財産的な価値があろうとも、である。じつは、この型のテキストの価値は内容にある。その内容とはテキストの示す着想、論理、事実、さらにアルゴリズム(注3)、発見などに及ぶ。

12 多くのテキスト(注4)──たとえば哲学書、未来予測シナリオ、歴史小説──は叙情詩と理工系論文とをリョウ(ウ)タンとするスペクトルのうえにある。その著作物性については、そのスペクトル上の位置を参照すれば、およその見当はつけることができる。

13 表2から、どんなテキストであっても、「表現」と「内容」とを二重にもっている、という理解を導くこともできる。それはフェルディナン・ド・ソシュール(注5)の言う「記号表現」と「記号内容」に相当する。叙情詩尺度は、つまり著作権法は、このうち前者に注目し、この表現のもつ価値の程度によって、その記号列が著作物であるのか否かを判断するものである。ここに見られる表現の抽出と内容の排除とを、法学の専門家は「表現／内容の二分法」と言う。

14 いま価値というあいまいな言葉を使ったが、およそ何であれ、「ありふれた表現」でなければ、つまり希少性があれば、それには価値が生じる。著作権法は、テキストの表現の希少性に注目し、それが際立っているものほど、そのテキストは濃い著作権をもつ、逆であれば薄い著作権をもつと判断するのである。この二分法は著作権訴訟においてよく言及される。争いの対象になった著作物の特性がより叙情詩型なのか、そうではなくてより理工系論文型なのか、この判断によって侵害のありなしを決めることになる。

15 著作物に対する操作には、著作権に関係するものと、そうではないものとがある。前者を著作権の「利用」と言う。そのなかには多様な手段があり、これをまとめると表3となる。「コピーライト」という言葉は、この操作をすべてコピーとみなすものである。その「コピー」は日常語より多義的である。

利用目的＼著作物		固定型	散逸型	増殖型
そのまま		展示	上映、演奏	――
複製		フォトコピー	録音、録画	デジタル化
移転		譲渡、貸与	放送、送信、ファイル交換	
二次的利用	変形	翻訳、編曲、脚色、映画化、パロディ化 リバース・エンジニアリング（注6）		
	組込み	編集、データベース化		

表３　著作物の利用行為（例示）

16 表３に示した以外の著作物に対する操作を著作物の「使用」と呼ぶ。この使用に対して著作権法ははたらかない。何が「利用」で何が「使用」か。その判断基準は明らかでない。

17 著作物の使用のなかには、たとえば、書物のエツ(エ)ラン、建築への居住、プログラムの実行などが含まれる。したがって、海賊版の出版は著作権に触れるが、海賊版の読書に著作権は関知しない。じつは、利用や使用の事前の操作として著作物へのアクセスという操作がある。これも著作権とは関係がない。

18 このように、著作権法は「利用／使用の二分法」も設けている。この二分法がないと、著作物の使用、著作物へのアクセスまでも著作権法がコントロールすることとなる。このときコントロールはカ(オ)ジョウとなり、正常な社会生活までも抑圧してしまう。たとえば、読書のつど、居住のつど、計算のつど、その人は著作者に許可を求めなければならない。ただし、現実には利用と使用との区別が困難な場合もある。

（注）

1 無方式主義——著作物の誕生とともに著作権も発生するという考え方。

2 「太郎を眠らせ、太郎の屋根に雪ふりつむ。」——三好達治「雪」の一節。

3 アルゴリズム——問題を解決する定型的な手法・技法や演算手続きを指示する規則。

4 スペクトル——多様なものをある観点に基づいて規則的に配列したもの。

5 フェルディナン・ド・ソシュール——スイス生まれの言語学者（一八五七〜一九一三）。

6 リバース・エンジニアリング——一般の製造手順とは逆に、完成品を分解・分析してその仕組み、構造、性能を調べ、新製品に取り入れる手法。

問１ 傍線部(ア)〜(オ)に相当する漢字を含むものを、次の各群の①〜⑤のうちから、それぞれ一つずつ選べ。解答番号は［1］〜［5］。

(ア) ガッチする ［1］

① チメイ的な失敗
② 火災ホウチ器
③ チセツな表現
④ チミツな頭脳
⑤ 再考のヨチがある

(イ) テキゴウする ［2］

① プロにヒッテキする実力
② テキドに運動する
③ 窓にスイテキがつく
④ ケイテキを鳴らす
⑤ 脱税をテキハツする

(ウ) リョウタン ［3］

① タンセイして育てる
② 負傷者をタンカで運ぶ
③ 経営がハタンする
④ ラクタンする
⑤ タンテキに示す

(エ) エツラン ［4］

① 橋のランカンにもたれる
② シュツランの誉れ
③ ランセの英雄
④ イチランに供する
⑤ 事態はルイランの危うきにある

(オ) カジョウ ［5］

① ジョウヨ金
② ジョウチョウな文章
③ 米からジョウゾウする製法
④ 金庫のセジョウ
⑤ 家庭のジョウビ薬

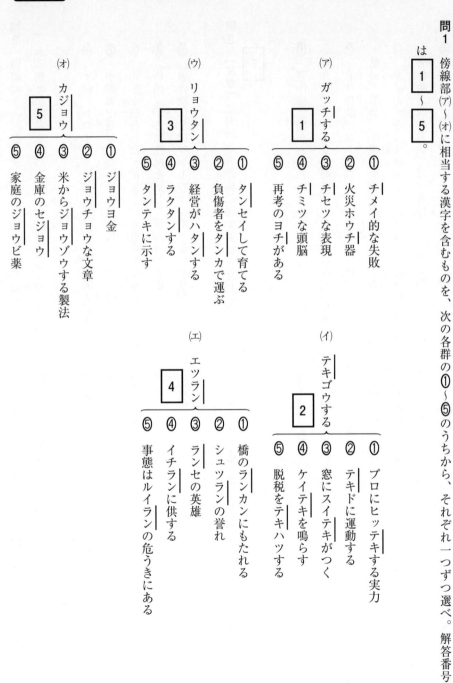

問2　傍線部A「記録メディアから剝がされた記号列」とあるが、それはどういうものか。【資料Ⅱ】を踏まえて考えられる例として最も適当なものを、次の①〜⑤のうちから一つ選べ。解答番号は 6 。

① 実演、レコード、放送及び有線放送に関するすべての文化的所産。
② 小説家が執筆した手書きの原稿を活字で印刷した文芸雑誌。
③ 画家が制作した、消失したり散逸したりしていない美術品。
④ 作曲家が音楽作品を通じて創作的に表現した思想や感情。
⑤ 著作権法ではコントロールできないオリジナルな舞踏や歌唱。

問3　【文章】における著作権に関する説明として最も適当なものを、次の①〜⑤のうちから一つ選べ。解答番号は 7 。

① 著作権に関わる著作物の操作の一つに「利用」があり、著作者の了解を得ることなく行うことができる。音楽の場合は、そのまま演奏すること、録音などの複製をすること、編曲することなどがそれにあたる。
② 著作権法がコントロールする著作物は、叙情詩モデルによって定義づけられるテキストである。したがって、叙情詩、教典、小説、歴史書などがこれにあたり、新聞記事や理工系論文は除外される。
③ 多くのテキストは叙情詩型と理工系論文型に分類することが可能である。この「二分法」の考え方に立つことで、著作権訴訟においては、著作権の侵害の問題について明確な判断を下すことができている。
④ 著作権について考える際には、「著作物性」という考え方が必要である。なぜなら、遺伝子のＤＮＡ配列のよう

に表現の希少性が低いものも著作権法によって保護できるからである。

⑤　著作物にあたるどのようなテキストも、「表現」と「内容」を二重にもつ。著作権法は、内容を排除して表現を抽出し、その表現がもつ価値の程度によって著作物にあたるかどうかを判断している。

問4　傍線部B「表2は、具体的な著作物——テキスト——について、表1を再構成したものである。」とあるが、その説明として最も適当なものを、次の①～⑤のうちから一つ選べ。解答番号は 8 。

①　「キーワード」と「排除されるもの」とを対比的にまとめて整理する**表1**に対し、**表2**では、「テキストの型」の観点から**表1**の「排除されるもの」の定義をより明確にしている。

②　「キーワード」と「排除されるもの」の二つの特性を含むものを著作物とする**表1**に対し、**表2**では、叙情詩型と理工系論文型とを対極とするテキストの特性によって著作物性を定義している。

③　「キーワード」や「排除されるもの」の観点で著作物の多様な類型を網羅する**表1**に対し、**表2**では、著作物となる「テキストの型」の詳細を整理して説明をしている。

④　叙情詩モデルの特徴と著作物から排除されるものとを整理している**表1**に対し、**表2**では、叙情詩型と理工系論文型の特性の違いを比べながら、著作物性の濃淡を説明している。

⑤　「排除されるもの」を示して著作物の範囲を定義づける**表1**に対し、**表2**では、叙情詩型と理工系論文型との類似性を明らかにして、著作物と定義されるものの特質を示している。

問5 【文章】の表現に関する説明として**適当でないもの**を、次の①～⑤のうちから一つ選べ。解答番号は 9 。

① 第1段落第一文と第3段落第二文で用いられている「――」は、直前の語句である「何らかの実体」や「物理的な実体」を強調し、筆者の主張に注釈を加える働きをもっている。

② 第4段落第一文「もう一言。」、第10段落第一文「話がくどくなるが続ける。」は、読者を意識した親しみやすい口語的な表現になっており、文章内容のよりいっそうの理解を促す工夫がなされている。

③ 第4段落第四文「現代のプラトニズム、とも言える」、第13段落第二文「フェルディナン・ド・ソシュールの言う『記号表現』と『記号内容』に相当する」という表現では、哲学や言語学の概念を援用して自分の考えが展開されている。

④ 第5段落第二文「叙情詩」や「理工系論文」、第13段落第一文「表現」と「内容」、第15段落第一文「著作権に関係するものと、そうではないもの」という表現では、それぞれの特質を明らかにするための事例が対比的に取り上げられている。

⑤ 第16段落第二文「はたらかない」、第四文「明らかでない」、第17段落第二文「関知しない」、第四文「関係がない」という否定表現は、著作権法の及ばない領域を明らかにし、その現実的な運用の複雑さを示唆している。

問６ 【資料Ⅰ】の空欄 a に当てはまるものを、次の①～⑥のうちから三つ選べ。ただし、解答の順序は問わない。解答番号は 10 ～ 12 。

① 原曲にアレンジを加えたパロディとして演奏すること
② 楽団の営利を目的としていない演奏会であること
③ 誰でも安易に演奏することができる曲を用いること
④ 観客から一切の料金を徴収しないこと
⑤ 文化の発展を目的とした演奏会であること
⑥ 演奏を行う楽団に報酬が支払われないこと

第2問　次の**【文章】**は山本登志哉《やまもととしや》『文化とは何か、どこにあるのか』（二〇一五年）の一部である。これを読んで、後の問い（**問1～6**）に答えよ。なお、出題に際し省略・改変した箇所がある。（配点　50）

【文章】

下の写真を見てください。（図1）

特に変わったこともない道路の写真ですが、ここでは（車道）中央線に注目してください。これはもちろんこの線を境に、進行方向左側を車が走るように指示している線です。場所によってはガードレールなどを用いて中央分離帯を作っているところもあります。

さて、中央分離帯と中央線の違いは何かと言うと、分離帯は道路の片側を通行し、反対車線に進入しないように、「物理的な線」を引いて壁を作っているのに対し、中央線のほうはその気になれば侵入可能な状態で、ただ路面に描かれた線でそこを踏み越えないように指示をしているだけのものだということです。前者はいわば物理的に、実力で越境を(ア)ソシしているのに対して、後者はいわば心理的に、理念で越境を止めようとする記号にすぎません。

その意味でこの線は交通規則という約束事に基づくだけの、虚構の「壁」と考えることができます。

実際この線が意味し得ることは社会によっても異なったりします。たとえばアメリカに行けば、この線は「進行方向の右側を走りなさい」という指示を表すも

図1　中央線

のになり、日本のそれとは正反対の意味になっています。それは単なる約束事であり、その限りで恣意的であり、物理的な実体性は伴わない虚構と見なすことは不可能ではありません。

しかし、その虚構を虚構にすぎないと無視すると何が起こるでしょうか。図2の写真のようなことがあり得るわけです。

線は虚構ですが、結果はきわめてリアルです。

もう一つ、図3の写真を見てください。

一万円札の製造コストは一枚当たり20円程度のようです。もちろんそれが経済取引では額面通りに一万円として機能することになります。製造コストと比較して考えた場合は、その価値は明らかに虚構です。

実際には物としては単なる紙切れにすぎないものが、社会的な実生活の中ではきわめてリアルに巨大な働きをする道具になっています。その価値のリアルさは、たとえば目の前で一万円札を燃やされるようなことがあれば、強烈に実感されるでしょう。それは単なる紙切れを燃やされる体験とは全く異質です。虚構の価値が、私たちの情動を掻《か》き立てるようなレベルでリアルに立ち上がってくるわけです。

逆に貨幣の虚構性は、こんな場合に顕《あら》わになります。図4の写真を見てください。

1922年から翌年にかけて生じたドイツのハイパーインフレーション時代の写真です。(注)マルク紙幣が文字通り紙くずとして扱われている、ちょっとショッキングな様子です。もはや貨幣の「虚構の価値」はほとんど意味を失っていること

図2　交通事故

図3　札束

がわかります。

特にそういう危機状態でなくても、私たちが貨幣の虚構性を身近に実感できる場面もあります。それは初めて行く外国で、そこの国の貨幣を手にした時です。何となくおもちゃのお金を持っているような感覚に襲われ、およそ価値のあるものとして見えてきません。ところが面白いことに、それを使って買い物などを繰り返すうちに、だんだんとその貨幣に価値を感じるようになってきます。虚構の価値が実体化していくプロセスです。

中央線という虚構のツールは、それを人々が規則通りに運用することで私たちの交通実践を成り立たせています。物理的にはそれを無視することは可能ですが、しかしそうすることについては強い心理的な抵抗感が発生します。内的なサンクションのシステムがそこには成り立っています。またあえて無視した場合には、「交通違反」として国家権力による強制的な処分の対象になり得ます。すなわち外的なサンクションのシステムが作られています。さらに図2のように、規則からの逸脱によって順調な交通実践が破綻するという事態に直面することになり、深刻な場合には人々を死に至らしめます。

貨幣も同様です。本来それ自体には価値がないものが、あたかもそれ自体が価値物であるかのように現れ、人々がその価値の感覚によって経済的実践行為をし、それらの実践によって経済的なシステムが機能します。何らかの原因でそのような貨幣の価値の幻想性・虚構性が顕わになってしまうと、もはや貨幣は貨幣としての機能を果たせなくなり、経

図4　ハイパーインフレ

済システムも破綻します。その結果人々の暮らしも破壊され、生命の危機に直面したり、あるいは戦争状態を引き起こすことすらあります。

貨幣（紙幣でも金属貨幣でも電子マネーでも、形態は何でもかまいません）をツールとする経済的実践は、本来価値のないものにみんなが価値を感じるという、一種の集団催眠のような状態が成立することで成り立ちます。それによって社会経済が機能し人々が生きているわけですから、その虚構を崩すことができません。そこには「信じる者は救われる」とでもいうような状況が成り立っており、それゆえそのシステムを揺るがすような行為、たとえばA偽札作りは、殺人に次ぐレベルのきわめて重い刑罰（刑法148条：無期または三年以上の懲役）によって、国家権力によって抑制されます。

また人の社会では、そのような一種の「虚構」に人生をかけるような行為が行われているわけですから、安心してそのような社会的実践行為が行えるためには、その「虚構」を信じられる「信用性」が重要な要件になります。これも現在は国家権力がその信用性を(イ)タンポする主体になっています。商人が信用を重視し、その経済活動のために権力者を必要とする理由でもあります。そのように「虚構」のツールが「実体」として機能するように、人々は内的外的なサンクションのシステムを作り上げ、常に維持再生産しているのですし、そのことによって初めて人間社会が機能していることになります。

この仕組みは、一種のゲームとして説明することも可能です。ゲームはあるルールに基づいて参加者がプレイ（実践）することで成り立ちます。そのルールは明らかに人が作り上げたもので、参加者が合意すれば(ウ)ニンイに変更することも可能ですし、あるルールがそうでなければならないという物理的な必然性も通常想定されません。その意味で、全く主観的で恣意的なもの、いわば虚構です。

にもかかわらず、人がそのゲームという社会的な実践を実現したければ、ルールに従うよりなく、そこに恣意性は許されなくなります。サッカーは手を使わないというルールによってサッカーとして成り立つのであり、それを外せばラグビーに変化してしまい、サッカーという社会的実践行為は崩壊してしまいます。違反者に対しては何らかの制裁が与えられ、また参加者には順法の感覚が成立し（違反行為もその感覚を前提に成立）、人々の行為はB内的・外的サンクションによって方向づけられます。こうしてルールはゲームに参加する人にとっては恣意性を持たず、逆に自らを支配する絶対的な存在として、あたかも物理的実体でもあるかのように、客観性を持った(エ)ヨウソウで立ち現れてくることになります。

このような構図の中で虚構が実体化することを、私たちは機能的実体化（functional substantialization）と呼んでいます。他の類人猿には見られない、高度な人間の社会システムを可能にする独特の仕組みと言えます。言語の恣意性と実体性の関係もまた同質のものと考えられますが、それらにツウ(オ)テイする、ヒトを人たらしめている一般的な仕組みがそこに想定されます。それだけをみれば単に主観によって恣意的に生み出されたものと見える対象が、人々の何らかの相互作用（社会的実践）を成り立たせる要素として共有されたときに、その関係の内部では個々人の主観を超え、かえってそれを外部から規定する実体的な要素として、客観的なものとなって現れるわけです。

（注）マルク――当時のドイツの貨幣単位。

問1 傍線部(ア)～(オ)に相当する漢字を含むものを、次の各群の①～⑤のうちから、それぞれ一つずつ選べ。解答番号は 1 ～ 5 。

(ア) ソシして 1
① 全国的なソシキ
② 緊急のソチを取る
③ 親戚とソエンになる
④ 目立たないシッソな服装
⑤ 公正な競争がソガイされる

(イ) タンポ 2
① 商品のタンカを調べる
② 準備バンタン
③ 偉人のセイタン記念日
④ 何物も恐れないゴウタンさ
⑤ 役割をブンタンする

(ウ) ニンイ 3
① 会長にシュウニンする
② ショウニンとして法廷に立つ
③ 資格をニンテイする
④ 労苦をニンタイする
⑤ ニンシン三か月

(エ) ヨウソウ 4
① すっかりサマ変わりする
② 会社のカナメとなる人物
③ 奇抜な手段をモチいる
④ 英気をヤシナう
⑤ アヤしい魅力

(オ) ツウテイ 5
① 東高セイテイの気圧配置
② 進歩がテイタイする
③ 条約をテイケツする
④ 人材がフッテイしている
⑤ 旅行のニッテイを決める

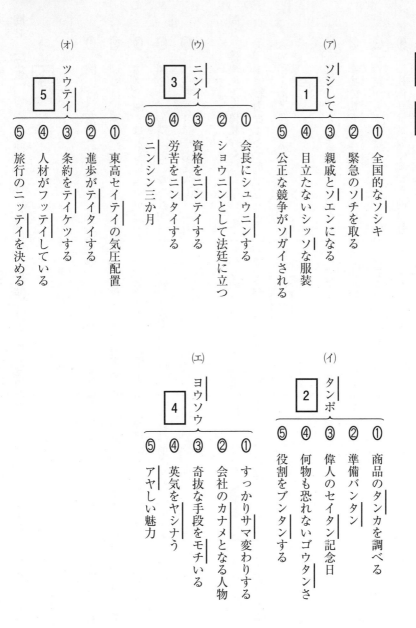

問2　**【文章】**の図1〜図4のはたらきに関する説明として最も適当なものを、次の①〜⑤のうちから一つ選べ。解答番号は［6］。

① 図1は、「中央分離帯」が、「交通規則」という「約束事」に基づいた「虚構」にすぎないことを説明するものである。
② 図2は、虚構の「壁」がはらむ危険性を示唆し、物理的実体としての「壁」を作ることの重要性を訴えるものである。
③ 図2と図4はともに、「中央線」および「貨幣」という「約束事」の「虚構」性があらわになった事態を示すものである。
④ 図3は、「虚構」とみなされがちな「貨幣」の価値が、実はリアルな物理的実体に基盤をもつことを表すものである。
⑤ 図3と図4は一対をなしており、「貨幣」という「虚構の価値」が「実体化していくプロセス」を表現するものである。

問3　傍線部A「偽札作りは、殺人に次ぐレベルのきわめて重い刑罰（刑法148条：無期または三年以上の懲役）によって、国家権力によって抑制されます」とあるが、それはなぜか。本文の論旨に即した説明として**適当でないもの**を、次の①〜⑤のうちから一つ選べ。解答番号は［7］。

① 貨幣は、人の生死や社会の存亡すら左右する重大な力をもっているから。
② 本物の札もまた偽札と同様に、物としては単なる紙切れにすぎないから。
③ 貨幣がもつ力は、人々がその価値を信じているという心理的なものにしかその根拠をもたないから。
④ 偽札作りは単なる利益目的の行為ではなく、国家権力への反逆という政治的意図をもつ行為だから。
⑤ 貨幣の価値を支えるシステムの幻想性が、偽札の流通によって顕わになるおそれがあるから。

問４　傍線部Ｂ「内的・外的サンクション」とあるが、「内的・外的サンクション」の意味を文中から読み取った上で、ここでの（甲）内的サンクション・（乙）外的サンクションの具体的な説明として最も適当なものを、次の①～⑦のうちから、それぞれ一つずつ選べ。解答番号は（甲）が 8 、（乙）が 9 。

① サッカーの選手が、手を使ったことで審判から退場処分を受けること。
② サッカーの選手が、勝つだけでなく観客にアピールする魅力的なプレーをしようとすること。
③ サッカーの選手が、ボールが手に当たりそうなとき反射的に手を引っ込めること。
④ サッカーの選手が、監督に指示された戦術を忠実に実践してゲームに勝とうとすること。
⑤ サッカーの選手が、ミスをしてマスコミやファンから厳しい批判を浴びせられること。
⑥ サッカーの選手が、法に触れる行為を犯してしまい国家権力による制裁を受けること。
⑦ サッカーの選手が、プレーヤーとしてだけでなく社会人としても人々の模範となろうとすること。

問5 【文章】における「虚構」に関する説明として最も適当なものを、次の①〜⑤のうちから一つ選べ。解答番号は 10 。

① 社会を支配しているシステムの多くは、実際には何ら物理的な必然性をもたず、時代や地域ごとに変化する相対的なものであり、普遍的な人間性や自然の本能と比べれば、「虚構」の範疇《はんちゅう》に入るような一種のゲームでしかないと言える。

② 人間社会の様々な制度や文化は、恣意的に生み出された物理的実体をもたない「虚構」でありながら、約束事として多くの人々に共有され実践されることによって、現実的な力をもつ社会的実体として機能するようになったものである。

③ 社会を構成している仕組みは、確かな実体をもつものだけでなく様々な「虚構」をも含んでいるので、社会システムを正常に機能させるためには、そうした「虚構」をできるだけ排除しシステムの信用性を維持していくことが重要である。

④ ゲームのルールは人が作り上げたものであり、参加者の合意によって変更可能な恣意的「虚構」にすぎないが、信用性が不可欠な要件となる貨幣や交通制度といった社会的実践においては、それらを恣意的に変更することは許されない。

⑤ 人間の社会的実践は「虚構」のツールにより成り立つ側面をもつが、それは本来価値のないものに価値を感じる一種の集団催眠状態とも言うべきものであり、私たちはそうした状態から覚醒してリアルな世界を取り戻さなければならない。

問6 【文章】に関する次の(i)・(ii)の問いに答えよ。

(i) 【文章】の波線部「ドイツのハイパーインフレーション時代」についてのグラフとして最も適当だと考えられるものを、次の①〜④のうちから一つ選べ。解答番号は 11 。

③

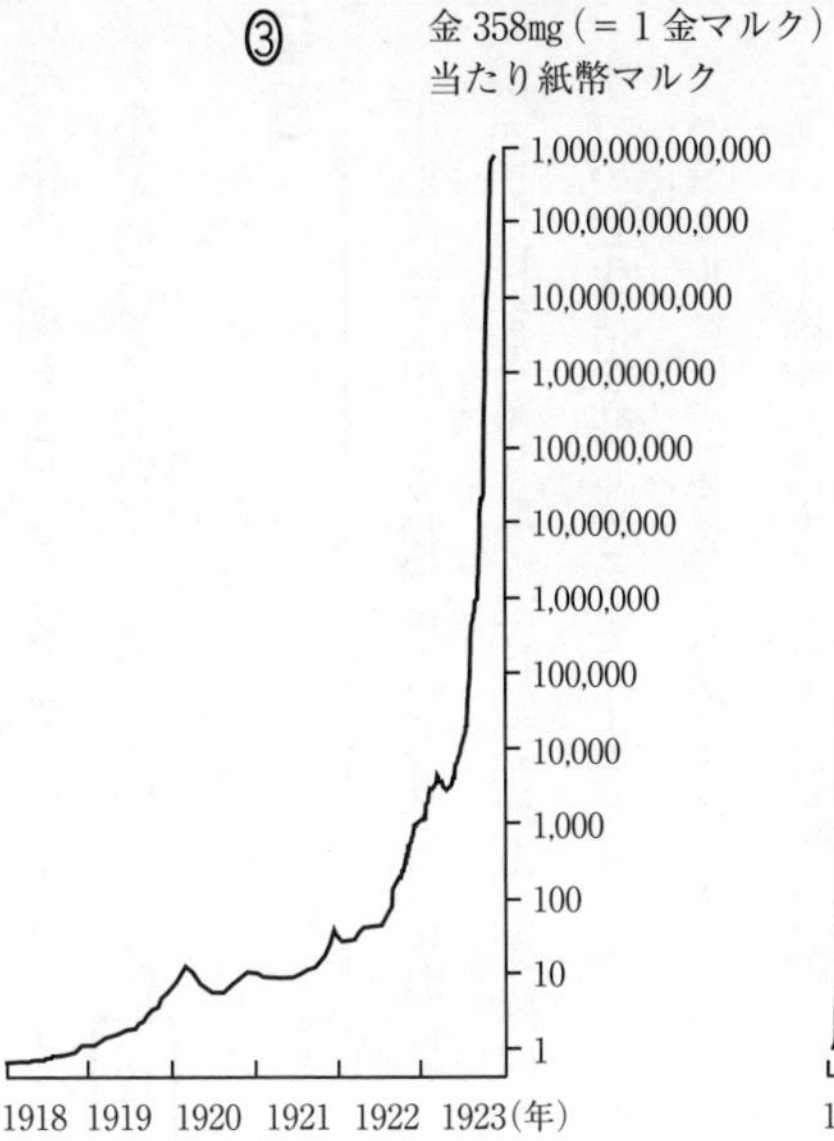
金 358mg（＝１金マルク）
当たり紙幣マルク
1,000,000,000,000
100,000,000,000
10,000,000,000
1,000,000,000
100,000,000
10,000,000
1,000,000
100,000
10,000
1,000
100
10
1
1918 1919 1920 1921 1922 1923（年）

①

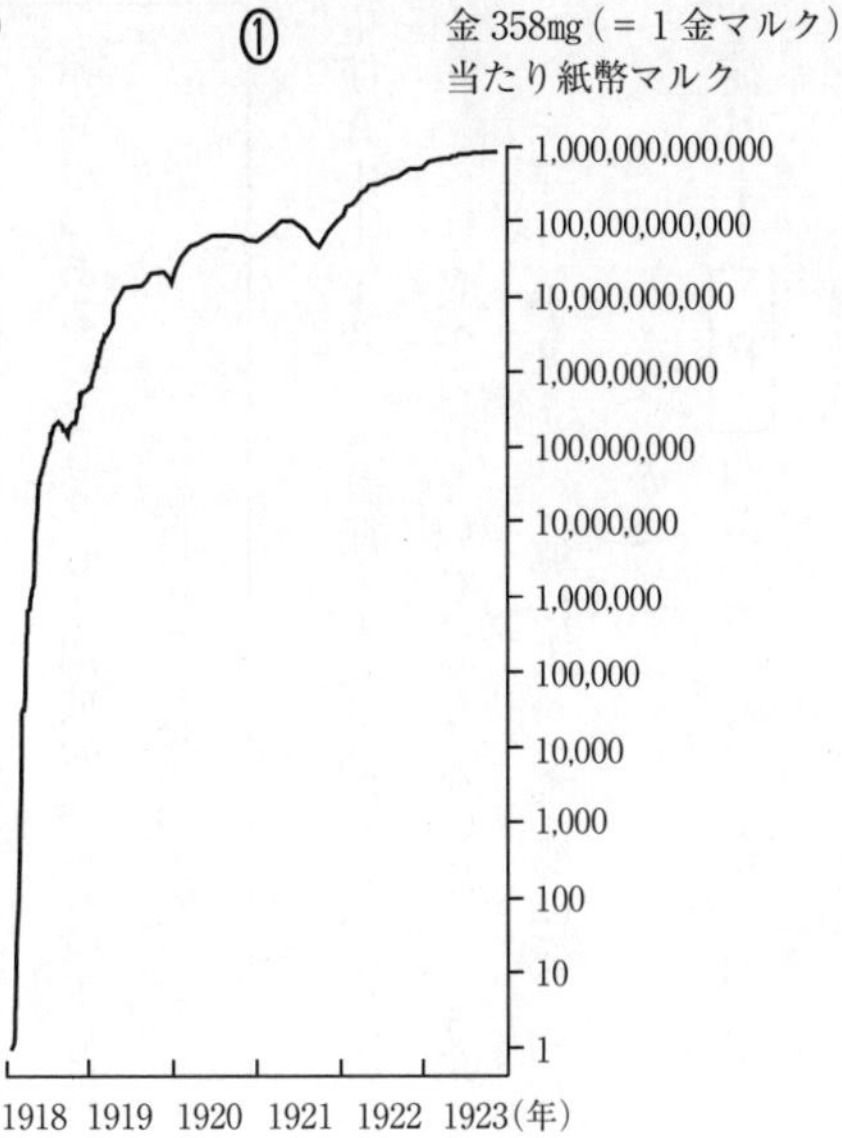
金 358mg（＝１金マルク）
当たり紙幣マルク
1,000,000,000,000
100,000,000,000
10,000,000,000
1,000,000,000
100,000,000
10,000,000
1,000,000
100,000
10,000
1,000
100
10
1
1918 1919 1920 1921 1922 1923（年）

④

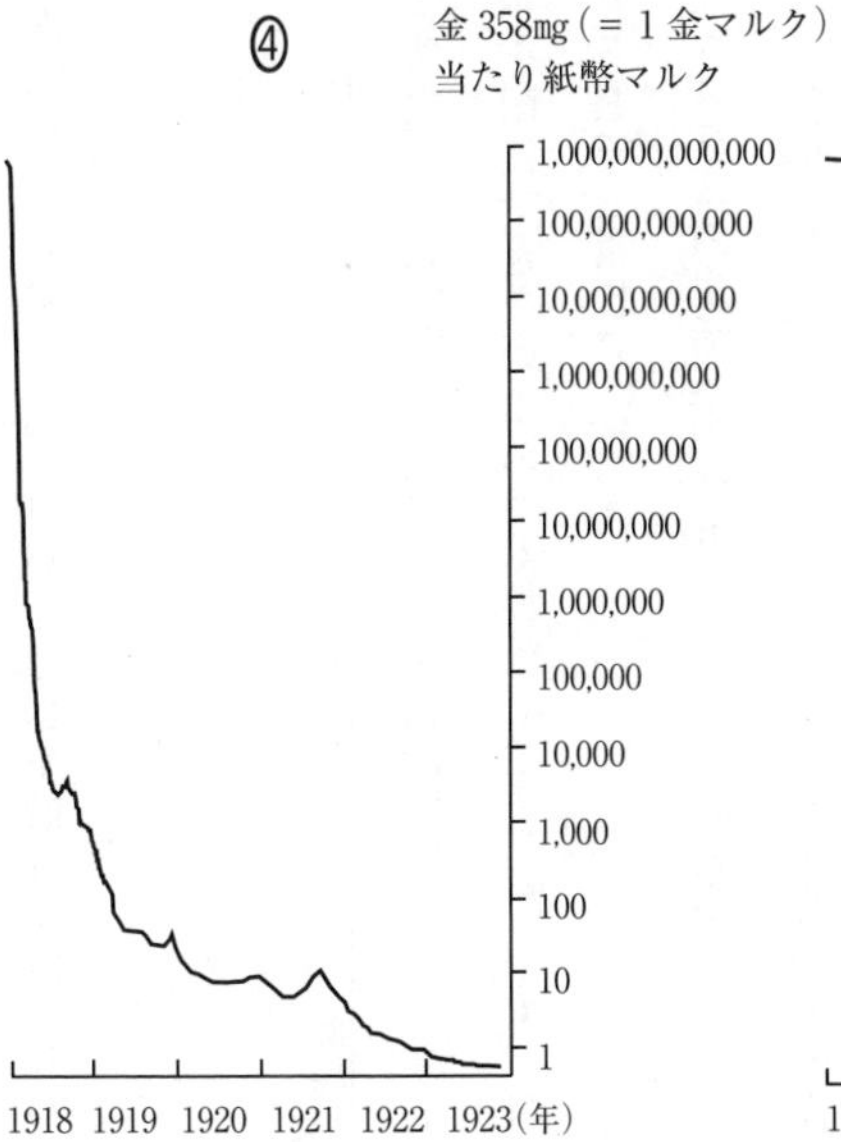
金 358mg（＝１金マルク）
当たり紙幣マルク
1,000,000,000,000
100,000,000,000
10,000,000,000
1,000,000,000
100,000,000
10,000,000
1,000,000
100,000
10,000
1,000
100
10
1
1918 1919 1920 1921 1922 1923（年）

②

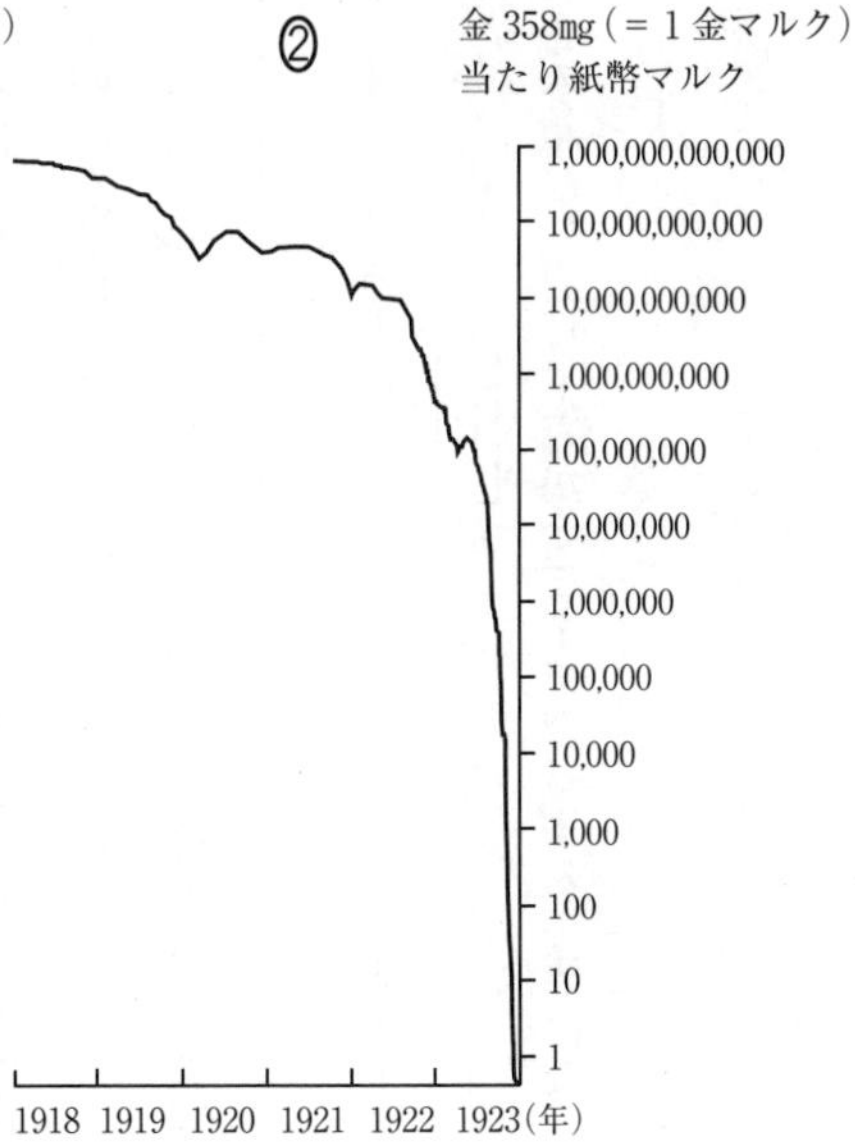
金 358mg（＝１金マルク）
当たり紙幣マルク
1,000,000,000,000
100,000,000,000
10,000,000,000
1,000,000,000
100,000,000
10,000,000
1,000,000
100,000
10,000
1,000
100
10
1
1918 1919 1920 1921 1922 1923（年）

(ii)【文章】を読んだ四人の生徒が、次の【資料】(新聞記事)で取り上げられている話題について議論をした。各生徒の発言中の空欄P・Q・R(Pは五箇所あり、すべて同じ言葉が入る)に入る言葉の組合せとして最も適当なものを、次の①~⑥のうちから一つ選べ。解答番号は 12 。

【資料】

手羽元と大根の煮物、手打ちうどんにおはぎ……。X大健康栄養学部の学生たちが、約40種に上る「ハラール」レシピを考案した。宗教上の理由から豚肉やアルコールを口にできないイスラム教徒(ムスリム)でも、日本での食生活を楽しめるよう工夫されており、インターネット上で公開している。

ハラールとは、「イスラム法で合法なこと」を指す。近年はムスリムの生活への理解が進み、豚肉やアルコールを避け、牛肉や鶏《とり》肉もイスラムの教えに沿って処理された分しか使わない、といったハラール食の取り組みが広がりつつある。2020年開催の東京五輪でも世界中から多くの観光客が訪れることから、注目を集めている。

(『朝日新聞　神奈川版』二〇一五年一二月八日朝刊より。ただし、文中の大学名は仮名とした)

生徒A――イスラム教徒の人たちだって、胃や腸の仕組みが日本人と違うわけじゃないんだし、豚肉がどうしても食べられないわけじゃないでしょう。極端な言い方になるけど、 P 的な思いこみにすぎないような気もする。「郷に入っては郷に従え」という言葉もあるんだし、日本人がそこまで配慮する必要はないんじゃないかな。

生徒B―― P 的といっても、単なる個人の P とは違うでしょう。文化として共有された P というか……。

生徒Ｃ――うん。そういう文化上の［Ｐ］は、その文化の中にいる人にとってはむしろ［Ｑ］的なものなんだよね。本人たちの間ではみんなに共通する見方なんだから。

生徒Ｄ――世界のいろいろな国の中では、犬や猫を食用にしている国だってありますよね。でも私たちは、それはちょっと、って思うでしょう、別に宗教や法律で禁じられているわけではないのに。まして宗教的な教えは、それを信じている人たちにとっては［Ｒ］的だと感じられるものなんですよね。そのことを理解する必要はあると思います。

①　Ｐ―主観　Ｑ―機能　Ｒ―客観
②　Ｐ―恣意　Ｑ―客観　Ｒ―恣意
③　Ｐ―主観　Ｑ―一般　Ｒ―恣意
④　Ｐ―恣意　Ｑ―機能　Ｒ―絶対
⑤　Ｐ―主観　Ｑ―客観　Ｒ―絶対
⑥　Ｐ―恣意　Ｑ―一般　Ｒ―客観

第3問　次の**【文章】**は、矢田部《やたべ》圭介《けいすけ》・山下玲子《やましたれいこ》編著『アイデンティティと社会意識』（二〇一二年）の「集団のなかの私たち」（山下玲子執筆）の一部である。これを読んで、後の問い（**問1～6**）に答えよ。なお、設問の都合で本文の段落に［1］～［12］の番号を付してある。（配点　50）

【文章】

1：ステレオタイプの中身はどのように決まるのか

［1］差別や偏見を説明する際にステレオタイプという語がしばしば用いられる。社会学や社会心理学では、ステレオタイプとは性別や人種、職業など特定の社会的カテゴリーに付与される固定化されたイメージのことを指す。ステレオタイプは「真実の核」をもち、その集団の本質的な何かを反映しているという主張も存在する。しかし、たいていの場合、ステレオタイプはその集団の過度に単純化・(ア)カクイツ化したイメージであるため、必ずしも事実を正確に反映していないものと考えられている。それでは、「黒人＝スポーツ万能」「女性＝依存的」「銀行員＝まじめ」といったような、あるカテゴリーに付与される特徴、すなわちステレオタイプの内容は、どのように決まっているのだろうか。

［2］この点について、フィスクら(注1)は、対象集団と知覚者集団の社会構造関係に応じてステレオタイプの内容が体系的に規定されるとするステレオタイプ内容モデルを提唱している。具体的には、集団間の関係を社会的経済的地位の高低と相互依存関係（協力／競争関係）の二次元でとらえ、対象となる集団を4つに類型化している。そして、人は、自分たちより地位が高い集団は能力が高く、低い集団は能力が低いと見なしやすく、自分たちの集団

表1　ステレオタイプ内容モデルから導かれるステレオタイプと感情

相対的地位	相互依存関係	
	協力関係	競争関係
高	あたたかい・有能 誇り、尊敬	冷たい・有能 羨望、嫉妬
低	あたたかい・無能 あわれみ、同情	冷たい・無能 軽蔑、怒り、嫌悪

と協力関係にある集団はあたたかく、競争関係にある集団は冷たいと見なしやすいとした。さらに、この4つの類型に基づいて、人々は対象集団に対して特定の感情や行動を示しやすいとしている。

3 集団間の関係は、時代や社会状況により刻一刻と変化している。そのため、集団に対するステレオタイプも、実は常に固定化されているのではなく、状況の変化により異なる可能性をもっている。たとえば、自分たちと親しい近隣の集団が急にその社会的経済的地位を上昇させてきたりすると、人はその集団の人たちを「能力は低いがあたたかい人たち」として見なしていたのを「能力は高いが冷たい人たち」とみるようになったりする。それに伴い、A これまでは「やさしい」「人情味ある」と見なされていた人たちに対し、「ずるい」「抜け目ない」といったイメージがあらたに付与されたりするのである。このようにステレオタイプは、そのカテゴリーにもともと備わっている特徴を反映しているというよりは、集団同士の相対的な関係性から生じるというのがこのモデルの中心的な主張である（表1）。

2：両面価値的ステレオタイプ

4 上記のモデルでは、もう一つ、ステレオタイプと差別や偏見を理解するための重要な論点が示されている。それは両面価値的ステレオタイプと呼ばれるものである。

5 このモデルでは、ステレオタイプを社会的経済的地位と協力／競争関係との二次元で4類型に分けているが、この二次元は個人や集団を評価する際に基本的といわれる二次元（人柄次元と能力次元）にほぼ相当する。そして、この二次元による4類型に相当する形で4種類のステレオタイプ（「賞賛」「軽蔑的偏見」「温情主義的偏見」「羨望的偏見」）が導き出されるとしている（表2）。

6 この四つのうち、賞賛と軽蔑的偏見は、二次元いずれにおいても肯定的、または否定的

表2　ステレオタイプ内容モデルから導かれる偏見と対象集団の例

能力	人柄	
	あたたかい	冷たい
有能	賞賛 内集団、親密な関係にある集団	羨望的偏見 キャリアウーマン、エリート
無能	温情主義的偏見 障害者、専業主婦、高齢者	軽蔑的偏見 生活保護受給者、ホームレス

なステレオタイプを含むもので、伝統的ステレオタイプと呼ばれている。賞賛は、「あたたかく有能」と判断される集団に向けられる。そのような集団には、自分たちが所属する内集団や、親密で協力関係にある集団があてはまる。そして、彼らに対しては誇りや尊敬といった肯定的感情が抱かれている。賞賛と正反対の軽蔑的偏見は、「冷たくて無能」と判断される外集団、とくに能力が低いにもかかわらず(イ)ジュウジュンでなく、自分たちの集団に対して害悪をなすような集団に対して向けられる。そして、彼らに対しては嫌悪や怒りといった否定的な感情がもたれている。そして、賞賛は内集団ひいきに、軽蔑的偏見は外集団卑下へとつながっていく。

7 しかし、この二次元からは肯定的ステレオタイプと否定的ステレオタイプの両方を合わせもつ二つの両面価値的ステレオタイプも導き出される。一つは「温情主義的偏見」で、「あたたかいが無能」と判断される集団に向けられるものである。このステレオタイプが向けられる集団の例としては、高齢者、障害者、専業主婦などがあげられる。彼らは、社会的には弱い存在であるが、軽蔑的偏見を受ける集団とは異なり、自分たちの集団に対して害をなすとは思えない人たちと見なされている。もう一つは「羨望的偏見」で、これは「冷たいが有能」と判断される外集団に向けられる。エリートやキャリアウーマン、経済的に競争関係にある国の人々などがその対象となりやすい。彼らは、有能であるがゆえに、自分が所属する集団に対して脅威となる可能性をもった人々と見なされている。

8 現在、偏見や差別の原因として大きな位置を占めるのは、伝統的ステレオタイプよりもこの両面価値的ステレオタイプであるといわれている。なぜなら、両面価値的ステレオタイプを用いることは、ある集団を一つの次元で肯定的に評価し、もう一つの次元で否定的に評価することを正当化すると考えられるからである。たとえば、女性の場合、「専業主婦」は、人柄はあたたかいが能力が低いことが強調され、男性の保護と憐《あわ》れみの対象となることで現在の低い地位にとどまることをヨ(ウ)ギなくされる。これに対し「キャリアウーマン」は、能力の高さは認められても、人に冷たく「女らしくない」として非難される。このように女性を両面的に評価することは、現存する男女の格差や性役割分業を維持しようとする性差別へと実はつながっているのである。

3：現状維持を促すステレオタイプ

9 ステレオタイプの内容が現存する社会システムを維持し正当化する機能をもつという議論は、男女差別にとどまるものではない。この現象は、貧富の差といった経済的システムに関する認知においてもみられている。ジョストら(注2)はシステム正当化理論を提唱し、ステレオタイプが既存の社会制度や慣習を維持する機能についての議論を展開した。

10 人は、一般に「B公正な世界の信念」をもっているといわれる。この信念は、「この世界は良い人が幸福になり、悪い人は不幸になる、公正な世界である」というもので、世界を確実で予測可能なものであるかのように感じさせる機能がある。この信念のおかげで、人は、日々不安定な世のなかで「自分だけは事故や事件に巻き込まれないだろう」と信じて生きていけるのである。

11 しかし、現実世界では、落ち度のない人が深刻な事件に巻き込まれたり、日々まじめに働いても貧しい暮らしを強いられたりすることが(エ)ヒンパンに起こる。とくに貧富の差は、社会システムの歪《ゆが》みが大きく影響している可能性があり、このことは、自分たちが暮らしている世界が公正であるという信念を脅かす。そのため、人は「(オ)ユウフクな人は対人関係に恵まれず不幸せ」「貧しいけれど優しい家族や友人に囲まれ幸せ」といったような相補的ステレオタイプを認知し、公正な世界の信念を維持しようと試みるのである。

12 このようにステレオタイプは、私たちに「世界は公正である」という幻想を生み出し、既存の社会システムを正当化し、現実世界に存在する差別や偏見を維持するはたらきをするのである。そして、そのはたらきがあまりに巧妙なため、私たちは世のなかに漠然とした不満を抱きつつも、現状を変えることができないという状態に陥ってしまうのである。

（注）1　フィスク――スーザン・タフツ・フィスク（一九五二〜）。アメリカの社会心理学者。

2　ジョスト――ジョン・トーマス・ジョスト（一九六八〜）。アメリカの社会心理学者。

問1　傍線部(ア)～(オ)に相当する漢字を含むものを、次の各群の①～⑤のうちから、それぞれ一つずつ選べ。解答番号は 1 ～ 5 。

(ア) カクイツ 1
① 学校のエンカク
② 双方ゴカクの戦い
③ シュカク転倒
④ なだらかなリンカク
⑤ 新事業をキカクする

(イ) ジュウジュン 2
① 閑静なスまい
② 承諾することをシブる
③ 責任がオモい
④ タテ書きの文章
⑤ 郷に入っては郷にシタガえ

(ウ) ヨギ 3
① 神聖なギシキ
② ベンギをはかる
③ ギキョクを書く
④ ギセイを払う
⑤ イギを唱える

(エ) ヒンパン 4
① ヒンカクを保つ
② セイヒンな生活
③ 使用ヒンドを調べる
④ 祝賀会のシュヒン
⑤ カイヒン公園

(オ) ユウフク 5
① 一刻のユウヨもない
② ザユウの銘
③ 心のヨユウ
④ エイユウをたたえる
⑤ ユウユウ自適の生活

問２　傍線部Ａ「これまでは『やさしい』『人情味ある』と見なされていた人たちに対し、『ずるい』『抜け目ない』といったイメージがあらたに付与されたりする」とあるが、これを説明したものとして最も適当だと考えられるものを、次の①～⑤のうちから一つ選べ。解答番号は 6 。

① 集団間の関係はたえず変化しているのに、特定の集団への見方はともすれば固定化したものになりがちである。

② どんな集団にも多面性があり、どの面に着目するかによりその集団に対するイメージは大きく違ったものになる。

③ 社会的経済的地位の急激な上昇は、その人たちの他者に対する見方やふるまい方を一変させてしまう。

④ 社会的経済的地位を上昇させるためには、自らの意に添わないふるまいをもやらねばならなくなる。

⑤ かりに同じようなふるまいであっても、見る人のとらえ方によって評価のあり方は変わってくる。

問3　**表1**と**表2**についての説明として最も適当なものを、次の①～⑤のうちから一つ選べ。解答番号は［7］。

① **表1**も**表2**もステレオタイプの四つの型について示したものだが、**表1**がそれを対象集団との関係性を軸に示したものであるのに対し、**表2**は対象集団に対する評価基準を軸に示したものである。

② **表1**も**表2**もステレオタイプがどのような関係性から生じるかについて説明したものだが、**表1**はステレオタイプに伴う感情の種類を示しており、**表2**はステレオタイプ的な見方に陥りやすい集団の具体的事例を示している。

③ **表1**も**表2**もステレオタイプ内容モデルの紹介だが、**表1**は対象集団を相対化してとらえる両面価値的ステレオタイプについて示すものであり、**表2**は対象集団を絶対的に肯定ないし否定する伝統的ステレオタイプについて示すものである。

④ **表1**も**表2**もステレオタイプ内容モデルから導かれる考え方の説明だが、**表1**はステレオタイプが集団同士の相対的関係性から生じるという考え方を示し、**表2**はステレオタイプが対象集団自体の特徴から生じるという考え方を示している。

⑤ **表1**も**表2**もステレオタイプ内容モデルに基づくものだが、**表1**が差別や偏見を生み出す否定的ステレオタイプを示しているのに対し、**表2**は差別や偏見を理解するために必要な両面価値的ステレオタイプを示している。

問４　傍線部Ｂ「公正な世界の信念」についての筆者の考えを説明したものとして最も適当なものを、次の①〜⑤のうちから一つ選べ。解答番号は 8 。

① 「公正な世界の信念」は、本来は不安定な世のなかでも自分は不幸に陥らないと信じて生きていくことを可能にしてくれるはずのものだが、現実世界ではステレオタイプが生み出す社会システムの歪みにより脅かされ続けている。

② かつて人びとは「公正な世界の信念」をもち世界を確実で予測可能なものとして実感できていたが、現在では社会システムの歪みなどにより世界の公正さが信じられなくなり、否定的ステレオタイプが数多く生み出されるに至った。

③ ステレオタイプは男女差別や貧富の差といった既存の社会制度や慣習を維持し正当化してしまう機能をもつので、「公正な世界の信念」に基づく両面価値的なものの見方によってそれを修正し改善していく必要がある。

④ 現代の人びとは、必ずしも公正ではない現実世界に対し漠然たる不満を抱きながらも、「公正な世界の信念」に基づく両面価値的ステレオタイプの幻想によってそれを補正し、結果的に現状を維持し正当化することに加担してしまう。

⑤ 人は一般に「公正な世界の信念」をもっているといわれるが、実際には現存する社会システムを正当化するステレオタイプにより差別や偏見を維持してしまっており、「世界は公正である」という理想は幻想にすぎないものとなっている。

問5 【文章】の表現に関する説明として**適当でないもの**を、次の①～⑤のうちから一つ選べ。解答番号は 9 。

① 第1段落第三文は「……という主張も存在する」という言い回しで筆者の立場とは異なる「主張」を紹介するものであり、続く第四文の「しかし」という逆接により筆者自身の立場へと転換する論の流れが示されている。

② 第1段落最終文の「どのように決まっているのだろうか」という問いかけによって問題提起を行い、第3段落最終文でそれに答えるかたちをとって一つの見解を導き出している。

③ 第6段落第一文で「……と呼ばれている」と筆者以外の論者の見解を紹介したうえで、第7段落第一文以降でそれに対する反論を展開している。

④ 第8段落最終文の「実は」は、その文で述べられた内容が一般的な考えと相反するものであることについて、読者の注意を喚起しようとするものである。

⑤ 第12段落第一文・第二文は、「私たち」という表現を用いることで、そこで指摘された問題が筆者も含めた多くの人にとって対象化することの難しい問題であることを示唆しようとしている。

問6 高校生のあゆみさんは、右の**【文章】**を参考にして「マスメディアにおけるステレオタイプ」についての探究レポートを書くことにし、テレビを見ながらレポートのためのメモをとった。次の**【資料】**は、あゆみさんが見たテレビの番組表の一部である。これらについてのメモのうち、**【文章】**の内容の理解として**適当でないもの**と考えられるものを、後の①～⑦のうちから二つ選べ。ただし、解答の順序は問わない。解答番号は 10 ・ 11 。

【資料】

6	5.50	Ⓝニチヨル トンネル疑惑追及続く▽ノーベル西井氏会見▽大好評デパ地下24時試食に賭ける男たち▽ＪＫ社長ＳＮＳで年商２億▽ＮＧ杯最新
7	00	イナカへＧＯワールド 南太平洋の楽園▽文明ナニソレオイシイノ？
	30	アニメ　プリンセス11「三度目の出発（たびだち）」声佐倉井柚木
8	00	ＮＧ杯応援スペシャル 必勝カウントダウン いよいよ決戦直前！ 青き勇者たち生出演＆生メッセージ ▽合宿潜入取材▽芸能人真剣対決▽熱血秘話▽監督インタビュー▽初戦分析▽タコ予想
9	9.30	アゲシオ！ 密着！ＩＴセレブ華麗な生活▽億バースデイ
10	00	日本ＳＵＧＥＥＥ！ 外国人が教えるニッポンのここがイイ！
	30	言ったＭＯＮガチ！ タブーに挑戦！　今夜も生放送でガチトーク

① 5時50分からの番組で日系アメリカ人の学者の会見を見て、あゆみさんの父は「受賞したのにとても謙虚だね。やっぱり日本人の血かな」と言っていた。これは、内集団の成員に対する伝統的ステレオタイプに陥っている可能性がある。

② 7時からの番組に「ここにはスマホも車もなく、テレビやエアコンさえない。その代わり、豊かな自然と、どこまでも明るい笑顔がある」というナレーションがあった。こうした見方は、「温情主義的偏見」の一種だとみなすことができる。

③　7時30分からの番組に「正真正銘の天才だが、他人のことを考えず自分のペースで突っ走りがちだ」「いかにも（血液型が）B型らしいな」というセリフのやりとりがあった。これは、見る人の「軽蔑的偏見」を強化するおそれがある。

④　8時からの番組では、ゲスト解説のタレントが「日本チームの方が十倍練習していると思うが、アフリカのチームには身体能力で一発でやられてしまう」とコメントしていた。これは、両面価値的ステレオタイプに当たると考えられる。

⑤　9時30分からの番組を見て、あゆみさんの祖父は「何でも金で買えると思っている人には本当の幸せはわからないんだ。気の毒な人たちだね」と評した。こうした考え方は、実は既存の社会システムを正当化することにつながってしまう。

⑥　10時からの番組で「日本女性の魅力は、最新の流行に敏感でありながら優しさやつつましさなど伝統的美徳も備えていることだ」という趣旨の意見が紹介された。こうした両面価値的ステレオタイプは、差別や偏見の解消の妨げとなる。

⑦　10時30分からの番組では、中年のコメンテーターが「最近の子どもはゲームばかりやっているから、命の大切さがわからない」と発言した。これは、競争関係にあり自己より相対的地位が低いとみなす集団へのステレオタイプだといえる。

第Ⅱ章　文学国語

「大学入学共通テスト」では、小説、韻文（詩歌）と散文（エッセイや評論）の組み合わせなど、〈文学的文章〉を中心とするテクストが出題される。〈原典〉とそれをもとにした小説による〈混成型テクスト〉、同じ作者の詩とエッセイによる〈複合型テクスト〉など、何らかの形で複数の題材を組み合わせた〈複数テクスト〉が出題されるのは〈論理的文章〉と共通で、「大学入学共通テスト」国語全体の一貫した方針だといえる。本文の叙述そのものの読み取りはもちろん、叙述をもとに直接書かれていないことを推測することまで含めた作品世界の読解、さらに、作者の意図や表現のはたらきなどの考察など、〈文学的文章〉へのさまざまなアプローチについて練習していこう。

第4問　次の文章は、複数の作家による『捨てる』という題の作品集に収録されている光原百合《みつはらゆり》の小説「ツバメたち」の全文である。この文章を読んで、後の問い（**問1～5**）に答えよ。なお、本文の上の数字は行数を示す。（配点　50）

〈一羽のツバメが渡りの旅の途中で立ち寄った町で、「幸福な王子」と呼ばれる像と仲良くなった。王子は町の貧しい人々の暮らしぶりをツバメから聞いて心を痛め、自分の体から宝石や金箔《きんぱく》を外して配るよう頼む。冬が近づいても王子の願いを果たすためにその町にとどまっていたツバメは、ついに凍え死んでしまった。それを知った王子の心臓は張り裂けた。金箔をはがされてみすぼらしい姿になった王子の像は溶かされてしまうが、二つに割れた心臓だけはどうしても溶けなかった。ツバメの死骸と王子の心臓は、ともにゴミ捨て場に捨てられた。その夜、「あの町からもっとも尊いものを二つ持ってきなさい」と神に命じられた天使が降りてきて、ツバメと王子の心臓を抱き、天国へと持ち帰ったのだった。

オスカー・ワイルド作　「幸福な王子」より〉

A 遅れてその町にやってきた若者は、なんとも風変わりだった。

つやのある黒い羽に敏捷《びんしょう》な身のこなし、実に見た目のいい若者だったから、南の国にわたる前、最後の骨休めをしながら翼の力をたくわえているあたしたちの群れに、問題なく受け入れられた。あたしの友だちの中にも彼に興味を示すものは何羽もいた。でも、彼がいつも夢のようなことばかり語るものだから――今まで見てきた北の土地について、これから飛んでいく南の国について、遠くを見るようなまなざしで語るばかりだったから、みんなそのうち興味をなくしてしまった。来年、一緒に巣をこしらえて子どもを育てる連れ合いには、そこらを飛んでいる虫を素早く見つけてたくさんつかまえてくれる若者がふさわしい。遠くを見るまなざしなど必要ない。

とはいえ嫌われるほどのことではないし、厳しい渡りの旅をともにする仲間は多いに越したことはないので、彼はあたしたちとそのまま一緒に過ごしていた。

そんな彼が翼繁《しげ》く通っていたのが、丘の上に立つ像のところだった。早くに死んでしまった身分の高い人間、「王子《プリンス》」と人間たちは呼んでいたが、その姿に似せて作った像だということだ。遠くからでもきらきら光っているのは、全身に金が貼ってあって、たいそう高価な宝石も使われているからだという。あたしたちには金も宝石も用はないが。

人間たちはこの像をひどく大切にしているようで、何かといえばそのまわりに集まって、列を作って歩くやら歌うやら踊るやら、(ア)ギョウギョウしく騒いでいた。

彼はその像の肩にとまって、あれこれとおしゃべりするのが好きなようだった。王子の像も嬉《うれ》しそうに応じていた。

「一体何を、あんなに楽しそうに話しているの？」

彼にそう聞いてみたことがある。

「僕の見てきた北の土地や、まだ見ていないけれど話に聞く南の国のことをね。あの方はお気の毒に、人間として生きていらした間も、身分が高いせいでいつもお城の中で守られていて、そう簡単にはよその土地に行けなかったんだ。憧れていた遠い場所の話を聞けるのが、とても嬉しいと言ってくださってる」

「そりゃよかったわね」

あたしたちには興味のない遠い土地の話が、身分の高いお方とやらには嬉しいのだろう。誇らしげに話す彼の様子が腹立たしく、あたしはさっさと朝食の虫を捕まえに飛び立った。

やがて彼が、王子と話すだけでなく、そこから何かをくわえて飛び立って、町のあちこちに飛んでいく姿をよく見かけるようになった。南への旅立ちも近いというのに一体何をしているのか、あたしには不思議でならなかった。

風は日増しに冷たくなっていた。あたしたちの群れの長老が旅立ちの日を決めたが、それを聞いた彼は、自分は行かない、と答えたらしい。自分に構わず発《た》ってくれと。

仲間たちは皆、彼のことは放っておけと言ったが、あたしは気になった。いよいよ明日は渡りに発つという日、あたしは彼をつかまえ、逃げられないよう足を踏んづけておいてから聞いた。ここで何をしているのか、なにをするつもりなのか。

彼はあたしの方は見ずに、丘の上の王子の像を遠く眺めながら答えた。

「僕はあの方を飾っている宝石を外して、それから体に貼ってある金箔をはがして、貧しい人たちに持って行っているんだ。あの方に頼まれたからだ。あの方は、この町の貧しい人たちが食べ物も薪《まき》も薬も買えずに苦しんでいることを、ひどく気にしておられる。こんな悲しいことを黙って見ていることはできない、けれどご自分は台座から降りられない。だから僕にお頼みになった。僕が宝石や金箔を届けたら、おなかをすかせた若者がパンを、凍える子どもが薪を、病気の年寄りが薬を買うことができるんだ」

あたしにはよくわからなかった。

「どうしてあなたが、それをするの？」

「誰かがしなければならないから」

「だけど、どうしてあなたが、その『誰か』なの？　なぜあなたがしなければならないの？　ここにいたのでは、長く生きられないわよ」

あたしは重ねて聞いた。彼は馬鹿にしたような目で、ちらっとあたしを見た。

「君なんかには、僕らのやっていることの尊さはBわからないさ」

腹が立ったあたしは「勝手にすれば」と言って、足をのけた。彼ははばたいて丘の上へと飛んで行った。あたしはそれをただ見送った。

長い長い渡りの旅を終え、あたしたちは南の海辺の町に着いた。あたしは数日の間、海を見下ろす木の枝にとまって、沖のほうを眺めていた。彼が遅れて飛んで来はしないかと思ったのだ。しかし彼が現れることはなく、やがて嵐がやって来て、数日の間海を閉ざした。

この嵐は冬の(イ)トウライを告げるもので、北の町はもう、あたしたちには生きていけない寒さになったはずだと、年かさのツバメたちが話していた。

彼もきっと、もう死んでしまっているだろう。

彼はなぜ、あの町に残ったのだろうか。貧しい人たちを救うため、自分ではそう思っていただろう。あたしなどにはそんな志はわからないのだと。でも本当のところは、大好きな王子の喜ぶ顔を見たかっただけではないか。

そうして王子はなぜ、彼に使いを頼んだのだろう。貧しい人たちを救うため、自分ではそう思っていただろう。でも……。

まあいい。どうせあたしにはCわからない、どうでもいいことだ。春になればあたしたちは、また北の土地に帰っていく。あたしはそこで、彼のような遠くを見るまなざしなど持たず、近くの虫を見つけてせっせとつかまえ、子どもたちを一緒に育ててくれる若者とショ(ウ)タイを持つことだろう。

それでも、もしまた渡りの前にあの町に寄って「幸福な王子」の像を見たら、聞いてしまうかもしれない。

あなたはただ、自分がまとっていた重いものを、捨てたかっただけではありませんか。そして、命を捨てても自分の傍《そば》にいたいと思う者がただひとり、いてくれればいいと思ったのではありませんか——と。

（光原百合他『捨てる』による。）

問1　傍線部(ア)～(ウ)に相当する漢字を含むものを、次の各群の①～⑤のうちから、それぞれ一つずつ選べ。解答番号は［1］～［3］。

(ア)　ギョウギョウしく［1］
①　会社のギョウセキを掲載する
②　クギョウに耐える
③　思いをギョウシュクした言葉
④　イギョウの鬼
⑤　ギョウテンするニュース

(イ)　トウライ［2］
①　孤軍フントウ
②　本末テントウ
③　トウイ即妙
④　用意シュウトウ
⑤　不偏フトウ

(ウ)　ショタイを持つ［3］
①　アクタイをつく
②　新たな勢力のタイトウ
③　タイマンなプレー
④　家庭のアンタイを願う
⑤　秘書をタイドウする

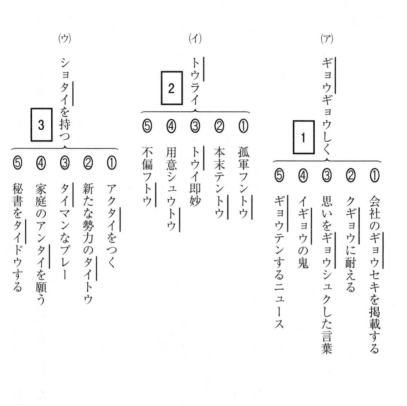

問２ 傍線部Ａ「遅れてその町にやってきた若者は、なんとも風変わりだった。」にある「若者」の「風変わり」な点について説明する場合、本文中の波線を引いた四つの文のうち、どの文を根拠にするべきか。最も適当なものを、次の①～④のうちから一つ選べ。解答番号は 4 。

① つやのある黒い羽に敏捷《びんしょう》な身のこなし、実に見た目のいい若者だったから、南の国にわたる前、最後の骨休めをしながら翼の力をたくわえているあたしたちの群れに、問題なく受け入れられた。

② あたしの友だちの中にも彼に興味を示すものは何羽もいた。

③ でも、彼がいつも夢のようなことばかり語るものだから――今まで見てきた北の土地について、これから飛んでいく南の国について、遠くを見るようなまなざしで語るばかりだったから、みんなそのうち興味をなくしてしまった。

④ とはいえ嫌われるほどのことではないし、厳しい渡りの旅をともにする仲間は多いに越したことはないので、彼はあたしたちとそのまま一緒に過ごしていた。

問3　傍線部B「わからないさ」及び傍線部C「わからない」について、「彼」と「あたし」はそれぞれどのような思いを抱いていたか。その説明として最も適当なものを、傍線部Bについては次の【Ⅰ群】の①〜③のうちから、傍線部Cについては後の【Ⅱ群】の①〜③のうちから、それぞれ一つずつ選べ。解答番号は［5］・［6］。

【Ⅰ群】　［5］

① 南の土地に渡って子孫を残すというツバメとしての生き方に固執し、生活の苦しさから救われようと「王子」の像にすがる町の人々の悲痛な思いを理解しない「あたし」の利己的な態度に、軽蔑の感情を隠しきれない。

② 町の貧しい人たちを救おうとする「王子」と、命をなげうってそれを手伝う自分を理解するどころか、その行動を自己陶酔だと厳しく批判する「あたし」に、これ以上踏み込まれたくないと嫌気がさしている。

③ 群れの足並みを乱させまいとどう喝する「あたし」が、暴力的な振る舞いに頼るばかりで、「王子」の行いをどれほど熱心に説明しても理解しようとする態度を見せないことに、裏切られた思いを抱き、失望している。

【Ⅱ群】 6

① 「王子」の像を金や宝石によって飾り、祭り上げる人間の態度は、ツバメである「あたし」にとっては理解できないものであり、そうした「王子」に生命をかけて尽くしている「彼」のこともまたいまだに理解しがたく感じている。

② 無謀な行動に突き進んでいこうとする「彼」を救い出す言葉を持たず、暴力的な振る舞いでかえって「彼」を突き放してしまったことを悔い、これから先の生活にもその後悔がついて回ることを恐れている。

③ 貧しい人たちを救うためというより、「王子」に尽くすためだけに「彼」は行動しているに過ぎないと思っているが、「彼」自身の拒絶によってふたりの関係に介入することもできず、割り切れない思いを抱えている。

問4　この小説は、オスカー・ワイルド「幸福な王子」のあらすじの記載から始まっている。この箇所（X）とその後の文章（Y）との関係はどのようなものか。その説明として適当なものを、次の①～⑥のうちから二つ選べ。解答番号は 7 。

① Xでは、神の視点から「一羽のツバメ」と「王子」の自己犠牲的な行為が語られ、最後には救済が与えられることで普遍的な博愛の物語になっている。ツバメたちの視点から語り直すYは、Xに見られる神の存在を否定した上で、「彼」と「王子」のすれ違いを強調し、それによってもたらされた悲劇へと読み替えている。

② Xの「王子」と「一羽のツバメ」の自己犠牲は、人々からは認められなかったものの、最終的には神によってその崇高さを保証される。Yでも、献身的な「王子」に「彼」が命を捨てて仕えただろうことが暗示されるが、その理由はいずれも、「あたし」によって、個人的な願望に基づくものへと読み替えられている。

③ Yでは、「あたし」という感情的な女性のツバメの視点を通して、理性的な「彼」を批判し、超越的な神の視点も破棄している。こうして、「一羽のツバメ」と「王子」の英雄的な自己犠牲が神によって救済されるというXの幸福な結末を、「あたし」の介入によって、救いのない悲惨な結末へと読み替えている。

④ Yには、「あたし」というツバメが登場し、「王子」に向けた「彼」の言動の不可解さに言及する「あたし」の心情が中心化されている。「一羽のツバメ」と「王子」が誰にも顧みられることなく悲劇的に終わるXを、Yは、「彼」と家庭を持ちたいという「あたし」の思いの成就を暗示する恋愛物語へと読み替えている。

⑤ Xは、愚かな人間たちによって捨てられた「一羽のツバメ」の死骸と「王子」の心臓が、天使によって天国に迎えられるという逆転劇の構造を持っている。その構造は、Yにおいて、仲間によって見捨てられた「彼」の死が「あたし」によって「王子」のための自己犠牲として救済されるという、別の逆転劇に読み替えられている。

⑥　Xでは、貧しい人々に分け与えるために宝石や金箔を外すという「王子」の自己犠牲的な行為は、「一羽のツバメ」の献身とともに賞賛されている。それに対して、Yでは、「王子」が命を捧げるように「彼」に求めつつ、自らは社会的な役割から逃れたいと望んでいるとして、捨てるという行為の意味が読み替えられている。

問5　次の【Ⅰ群】のa～cの構成や表現に関する説明として最も適当なものを、後の【Ⅱ群】の①～⑥のうちから、それぞれ一つずつ選べ。解答番号は［8］～［10］。

【Ⅰ群】

a　1～7行目のオスカー・ワイルド作「幸福な王子」の記載　［8］

b　12行目「彼がいつも夢のようなことばかり語るものだから――」の「――」　［9］

c　56行目以降の「あたし」のモノローグ（独白）　［10］

【Ⅱ群】

①　最終場面における物語の出来事の時間と、それを語っている「あたし」の現在時とのずれが強調されている。

②　「彼」の性質を端的に示した後で具体的な例が重ねられ、その性質に注釈が加えられている。

③　断定的な表現を避け、言いよどむことで、「あたし」が「彼」に対して抱く不可解さが強調されている。

④　「王子」の像も人々に見捨てられるという、「あたし」にも想像できなかった展開が示唆されている。

⑤　「あたし」の、「王子」や「彼」の行動や思いに対して揺れる複雑な心情が示唆されている。

⑥　自問自答を積み重ねる「あたし」の内面的な成長を示唆する視点が加えられている。

第5問　次の【文章】は、松浦寿輝《まつうらひさき》の小説『あやとり』（一九九六年）の結末に至る一節で、飼い主たちとはぐれた仔猫《こねこ》の兄と弟が途方に暮れている場面から始まる。これを読んで、後の問い（**問1〜6**）に答えよ。なお、設問の都合で本文の上に行数を付してある。（配点　50）

【文章】

　戦争とか焼夷弾《しょういだん》（注1）などといった言葉がどういう意味なのか、二匹には何もわからなかったが、人間たちはそんなことを口々に言い合いながら大慌てで荷造りして、トラックで出発したのだった。ところが急いだあまり紐《ひも》のかけかたが(ア)杜撰《ずさん》だったのか、道路の穴ぼこにタイヤがとられて揺れたはずみに、二匹を入れた段ボール箱が荷台から転がり落ち、トラックはそれに気づかずそのまま走っていってしまった。仔猫たちは最初はトラックを追いかけようとし、次に元の家に帰ろうとして、ずっと歩きつづけてゆくうちにだんだん闇が深くなり、どんどん寒くなって、ふと気がつくと川岸に来ていたのだ。うっかりしたらそのまま歩きつづけて水に落ちてしまったかもしれない。

「この川は大きいんだろうか。深いんだろうか。ここを渡って向こう岸に行かないと帰れないのかねえ」

「いや、ここを渡っちゃったらもうおしまいだよ」

「でもずいぶん遠いねえ。遠くまで来ちゃったねえ」

「ずいぶん遠い。でも大丈夫。きっと探しに来てくれるから」

「そうだよね。来てくれるよね」

　話が途切れ、仔猫たちはおたがい相手の軀《からだ》に寄りかかって、暗がりを一生懸命透かし見ようと目を凝らしたが見えるのはただ風が吹きつけてくるたびにざわざわ鳴る木立のぼうっとした輪郭だけだった。寒々とした暗がりが前にも後ろにもずっとどこまでも広がって、ときどきモリフクロウが気味悪い声でポーポーと鳴くと胸がきゅっと縮み上がるような気持になる。

「兄さんの心臓、どきどきしてる」

「それはおまえのだろう。兄さんはふつうさ」

「ううん、違う。こうしてるとはっきり聞こえるよ。それに兄さん、震えてる」

「震えてなんかいるもんか。それはおまえが震えてるんだよ。それがこっちに伝わってくるんだよ」

弟の仔猫は拗ねたようにちょっと黙りこみ、兄のからだから身を離し、それから石の縁から水面に向かって片方の前足を差し出した。前足を伸ばして、伸ばして、これ以上伸ばしたら川に落ちてしまいそうでひやりとした瞬間、その先が水に触れた。和毛に滲みとおってきた川水はとても冷たくて前足の先には切り傷のような痛みが走り、しかしたちまち痺れて感覚がなくなってくる。と、そのとき黒々とした冷たい水の中に、何かぽんやりと明るんだ小さなものが沈んでいるのが仔猫の目に入った。明かりの斑点のようなものがいくつか水底にちらばっていて、目を凝らしてみるとそれは一つずつ思い思いの仕方でゆっくりと移動しているようだ。あっと思い、慌てて前足を引っこめると、

「蟹だよ」と脇で兄が言う。

たしかにそれは蟹だった。燐光を放つ苔に覆われてでもいるのだろうか、ほうっと青く甲羅を光らせながら、小さな蟹が何匹か、ぷくりぷくりと泡を吐きながら川底の石の間をのろのろと歩いているのだ。

「蟹もさぞかし寒いだろうねえ、こんな冷たい水の中で」と弟が言う。

「そうだねえ、本当だねえ」

「僕が手を突っこんだんで、蟹の家族はびっくりしたのかもしれない。毛だらけの手がいきなり頭の上に伸びてきて、もう取って喰われると思っただろう。幸せにすやすや寝ていたかもしれないのに、かわいそうなことをしたなあ」

えらいじゃないか、と兄の方の仔猫は思う。弟のやつ、自分だってずいぶん凍えきって惨めだろうに、水の中に棲む

小さな生き物を思いやるこんなやさしい気持があるんだな。しかし、思わず知らず口から出てしまったのは、A「いよいよお腹《なか》が空《す》いたら、その蟹を食べればいいんだから」という残酷なことばだった。口に出したとたんに後悔したのだが、はたして弟は(イ)きっと目を剝《む》いて、

「そんな、ひどいじゃないか。何てことを言うんだい」と叫び、それからしくしく泣き出した。

何と言って慰めたらいいのか、兄の仔猫にはことばがなかった。それに、いよいよとなったら本当に蟹でも魚でもとって食糧にしなければならないという気持が心の片隅にあるのも事実なので、本気で言ったんじゃないんだよなどという弁解もいかにも空々しく響くようで口にする気にはなれない。その間にも風が吹きつけてくるたびに川岸の(注3)トウシンソウのくさむらがざわざわ揺れて、暗闇はいよいよ濃く深くなってゆくようだった。暗い空を見上げて、ああこういうことなのかと兄の仔猫は思った。死ぬってこういうことだったんだな。僕らは二匹ともまだ子供なのに、まだこれからいろんなものをいっぱい見られる、いっぱい食べられると思っていたのに、こうしてこんなところで死んでしまうんだな。思いがけないところで、いきなり終《おわ》ってしまうんだな。

そのとき、不意に静かな青い光があたりに漲《みなぎ》りはじめた。B雲が切れて月が姿を現したのだ。それは何か空恐ろしいような満月で、林の木の葉一枚一枚、川の流れの飛沫《しぶき》や跳ね散る雫《しずく》の一滴一滴が、怖いようなあざやかさでいきなりくっきりと浮かび上がるようだった。つい今しがたまで、あんなに深い闇に囲まれていたのに、不意にどこにもかしこにも月の光が溢《あふ》れかえってまるで水の中にでもいるようだった。逆に、さっきまで小さな蟹の歩くさままで透視することができた川の水の中は、今は水面があんまりきらきら光を反射するので、見えなくなってしまっている。

兄の仔猫は、脇で啜《すす》り泣いている弟にことばをかけるのも忘れて、ぱちくりと瞬《まばた》きを繰り返しながらあたりを見回していた。これじゃ僕たちはまるで水の中に沈んで水底の石の上にぺたりと坐《すわ》りこんでいるみたいじゃないか。息ができるのが不思議なくらいじゃないか。そうだ光は水のように流れたり溢れたりしているんだなと彼は思い、また、じゃあ

僕たちもあの蟹たちも同じことなんだとも思った。いつの間にか風もやんであたりはひっそり静まりかえり、濡《ぬ》れたトウシンソウの甘い香りが仄《ほの》かに漂ってくる。

それからまた焼夷弾が降ってきた。今度はほとんど仔猫たちの真上から降ってくるようで、炎の糸が奇妙なほどのゆるやかさでするすると伸びてくる。糸は何本も絡まり合って伸びてくるようで、天空をするすると横切ってゆく(ウ)錯綜《さくそう》する光の糸の輝きは、仔猫をついうっとりとさせるほど美しいものだった。そして、ほとんど間をおかずに耳を聾《ろう》(注4)するような爆発音が轟《とどろ》いてからだが揺れたが、兄の仔猫はなぜかもう死が迫っているような気はしなくなっていた。実際、炎の糸が地上に届いて林が燃え上がったのは、仔猫たちに近いとは言っても川の向こうのずっと彼方《かなた》のあたりで、さしあたって身に迫る危険はないようだった。

「どうだい、何だかきれいだねえ」

そう言って振り返ってみると、いったいどうしたのだろう、ついさっきまで石の縁のぎりぎりのところに蹲《うずくま》って、声を殺すようにして啜り泣いていたはずの弟の姿が見えなくなっている。仔猫はにゃあにゃあ鳴きながら、あたりを狂ったように走って弟を探して回り、岸辺の石をいくつか引っ繰り返してみたりさえしたが、どうしても見つからないのだ。仔猫は元の場所に戻ってきてへたりこんでしまった。さっきの爆発音で地面が揺れたとき、この石の端から川に滑り落ちてしまったとしか思えない。疲れと寒さとでぐったりしていた弟は、声をあげることもできず、あの身を切るように冷たい水の中に落ち、そのまま下流へ運ばれていってしまったに違いない。あんなに弱い小さなからだのまま、水底の蟹のいのちを気遣うやさしい心持《こころもち》のまま、ほんの何か月かこの世に生きただけで溺れて死んでしまったのだ。

そのとき、向こうの林の中で懐中電灯の明かりがちらちら揺れるのが見え、それと一緒に、チッチッチと舌を鳴らして仔猫たちを呼びながら近寄ってくる足音が聞こえてきた。――たぶん、世界は、震動する一本の紐の輪なのだ。C生き物のいのちとは、きっとひとりの人の指と、もうひとりの人の指との間で、あやとりされている光の糸の輪なのだ。

とそのあやとりそのもののことなのだろう。

（注）

1　焼夷弾――火炎や高熱により建築物などを焼き払う爆弾。

2　和毛――（特に獣や鳥の）やわらかな毛。うぶ毛。

3　トウシンソウ――灯心草。イグサの別名。

4　耳を聾するような――耳を聞こえなくさせるような。

問１　傍線部(ア)〜(ウ)の本文中における意味として最も適当なものを、次の各群の①〜⑤のうちから、それぞれ一つずつ選べ。解答番号は［1］〜［3］。

(ア)　杜撰《ずさん》だった　［1］
① 荒っぽくいいかげんだった
② 気のゆるみがあり確認が甘かった
③ 甘く見ており厳密さに欠けていた
④ 不真面目で拙劣だった
⑤ 簡略化しすぎて不確かだった

(イ)　きっと目を剝《む》いて　［2］
① 失望したように目を宙に泳がせて
② 怒りに駆られ目を大きく見開いて
③ 悲しみのあまり目を伏せて
④ 抗議するように鋭い目になって
⑤ 驚きをこめた目で相手を直視して

(ウ)　錯綜《さくそう》する　［3］
① 四方八方に散る
② 複雑に入り組んだ
③ まばゆく鮮やかな
④ 次々に現れては消える
⑤ なめらかに広がっていく

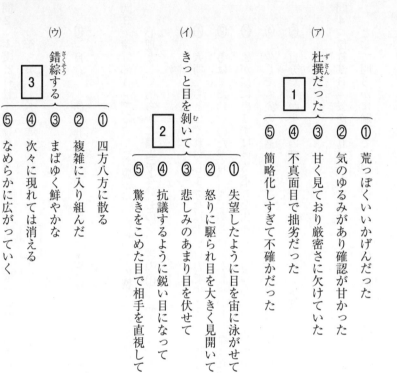

問2　本文27行目～32行目における弟の仔猫の「蟹」に対する気持ちを説明したものとして適当なものを、次の①～⑧のうちからすべて選べ。解答番号は **4** 。

①　自責　②　共感　③　恫喝《どうかつ》　④　反発　⑤　卑下　⑥　称賛　⑦　慈悲　⑧　憐憫《れんびん》

問3　傍線部A「『いよいよお腹《なか》が空《す》いたら、その蟹を食べればいいんだから』」とあるが、この言葉を発した兄の仔猫の心理として明らかに**適当でないもの**を、次の①～⑤のうちから一つ選べ。解答番号は **5** 。

①　人間たちとはぐれてしまった以上、自力で生きていく道を探る必要がある。
②　弟はまだ幼いのだから、兄である自分がしっかりしなければいけない。
③　弟が口に出せずにいる本音を代弁し、弟の心を軽くしてやりたい。
④　少しでも先の見通しをつけておくことは、弟のためにもなるはずだ。
⑤　自分たちが生きのびるためには、他の命を犠牲にすることもやむをえない。

問4　傍線部B「雲が切れて月が姿を現したのだ」とあるが、このことが兄の仔猫の心理にもたらした変化を述べたものとして明らかに**適当でないもの**を、次の①～⑤のうちから一つ選べ。解答番号は **6** 。

①　闇から光へ　②　死から生へ　③　絶望から希望へ　④　感情から理性へ　⑤　現実から幻想へ

問５　傍線部Ｃ「生き物のいのちとは、きっとそのあやとりそのもののことなのだろう」とあるが、本文全体を踏まえて考えるとき、ここでの兄の仔猫の思いはどのようなものだと解するべきか。最も適当なものを、次の①～⑤のうちから一つ選べ。解答番号は 7 。

① 何本もの光の糸がつくり出す美しい情景に僕が見とれているうちに、弟は爆撃のあおりをくって死んでしまった。弟はあんなに弱くて小さいのだから、僕が守ってやらなければいけなかったのに。でも、いまさら悔やんでも弟は帰って来はしない。こうなったら、僕は追手《おつて》の人間たちからどこまでも逃げて、弟のぶんまで生きぬいてやろう。

② 小さくて弱いくせに、水底の蟹のいのちをも気遣うようなやさしい心を持っていた弟は、爆撃によっていのちを奪われてしまった。運よく助かった僕も、懐中電灯を持った人間たちにもうすぐ捕まえられてしまうだろう。結局のところ、この世界を支配しているのは人間だ。他の生き物のいのちは、人間たちの手中に握られているのだ。

③ チッチッチと舌を鳴らして、僕たちを呼ぶ人間の声が聞こえる。けれど、助けが来るのをあんなに待ち望んでいた弟は、水に落ちて溺れ死んでしまい、もうこの世にはいないのだ。生き物のいのちはこんなにももろくはかないものなのか。それなら、せめて生きているあいだは、精一杯輝いてみせたいと思わずにいられない。

④ 戦争による混乱のおかげで、僕らは人間たちのもとから逃げ出し、自由になれたと思った。けれど、弟を死なせてしまったいま、僕はようやく、自分たちの力だけで生きのびていくことなどできないことを思い知ったのだ。人間たちの声が近づいてきた。敵であろうと味方であろうと、僕は自分のいのちをあの人たちにゆだねることにしよう。

⑤ あの明かりはたぶん、僕らを探しに来た人間たちのものだろう。どうやら僕は生きのびられそうだ。でも、せっかく焼夷弾が外れたのに、爆発の揺れで弟は川に落ちて死んでしまい、助けに間に合わなかった。生き物はみな、こんなふうにほんのちょっとした偶然で、いのちを得たり失ったりするものなのだろう。

問6　次の【資料】は、宮沢賢治の短篇『やまなし』（一九二三年）の一節である。これを読んで、後の(i)・(ii)の問いに答えよ。なお、設問の都合で本文の上に行数を付してある。

【資料】

1　にわかにパッと明るくなり、日光の黄金《きん》は夢のように水の中に降って来ました。
波から来る光の網が、底の白い磐《いわ》の上で美しくゆらゆらのびたりちぢんだりしました。泡や小さなごみからはまっすぐな影の棒が、斜めに水の中に並んで立ちました。

魚がこんどはそこら中の黄金の光をまるっきりくちゃくちゃにしておまけに自分は鉄いろに変に底びかりして、

5　又上流《かみ》の方へのぼりました。
『お魚はなぜああ行ったり来たりするの。』

弟の蟹がまぶしそうに眼《め》を動かしながらたずねました。

『何か悪いことをしてるんだよとってるんだよ。』

『とってるの。』

10　『うん。』
そのお魚がまた上流から戻って来ました。今度はゆっくり落ちついて、ひれも尾も動かさずただ水にだけ流されながらお口を環《わ》のように円くしてやって来ました。その影は黒くしずかに底の光の網の上をすべりました。

『お魚は……。』

その時です。俄《にわか》に天井に白い泡がたって、青びかりのまるでぎらぎらする鉄砲弾のようなものが、いきなり飛《とび》

15　込《こ》んで来ました。

兄さんの蟹ははっきりとその青いもののさきがコンパスのように黒く尖《とが》っているのも見ました。と思ううちに、魚の白い腹がぎらっと光って一ぺんひるがえり、上の方へのぼったようでしたが、それっきりもう青いものも魚のかたちも見えず光の黄金の網はゆらゆらゆれ、泡はつぶつぶ流れました。

二疋《ひき》はまるで声も出ず居すくまってしまいました。

お父さんの蟹が出て来ました。

『どうしたい。ぶるぶるふるえているじゃないか。』

『お父さん、いまおかしなものが来たよ。』

『どんなもんだ。』

『青くてね、光るんだよ。はじがこんなに黒く尖ってるの。それが来たらお魚が上へのぼって行ったよ。』

『そいつの眼が赤かったかい。』

『わからない。』

『ふうん。しかし、そいつは鳥だよ。かわせみと云《い》うんだ。大丈夫だ、安心しろ。おれたちはかまわないんだから。』

『お父さん、お魚はどこへ行ったの。』

『魚かい。魚はこわい所へ行った。』

『こわいよ、お父さん。』

『いいいい、大丈夫だ。心配するな。そら、樺《かば》の花が流れて来た。ごらん、きれいだろう。』

泡と一緒に、白い樺の花びらが天井をたくさんすべって来ました。

『こわいよ、お父さん。』弟の蟹も云いました。

光の網はゆらゆら、のびたりちぢんだり、花びらの影はしずかに砂をすべりました。

(i)【文章】(松浦寿輝『あやとり』)は、【資料】『やまなし』を踏まえた創作である。両者の特徴についての説明として明らかに**適当でないもの**を、次の①～⑤のうちから一つ選べ。解答番号は 8 。

① 『あやとり』に登場する「兄の仔猫」「弟の仔猫」は、『やまなし』に登場する「兄さんの蟹」「弟の蟹」を踏まえた設定だといえるが、一方で『あやとり』の「弟の仔猫」が口にする「僕が手を突っこんだんで」(31行目)以降の言葉は、『やまなし』の「鉄砲弾のようなものが、いきなり飛込《とびこ》んで来ました」(14行目)以降の描写に対応するものだともいえる。

② 『あやとり』の兄弟の間には、「弟の仔猫」の「そんな、ひどいじゃないか」(37行目)という言葉に表れているような対立が存在しているが、『やまなし』の兄弟の間には、そうした対立は読み取れない。このことは、『やまなし』が理想化された世界を描いているのに対し、『あやとり』がより現実的な世界を描いていることを示している。

③ 『あやとり』の「さっきまで小さな蟹の歩くさままで透視することができた川の水の中は、今は水面があんまりきらきら光を反射するので、見えなくなってしまっている」(48行目)といった描写は、それまで『やまなし』における「かわせみ」の立場にあった兄弟の仔猫が、「蟹」たちの立場に転じていくことを、象徴的に示すものとなっている。

④ 『あやとり』の「錯綜《さくそう》する光の糸の輝き」(56行目)は、『やまなし』の「日光の黄金《きん》は夢のように水の中に降って来ました」(1行目)などの表現を踏まえたものと考えられる。『あやとり』の「天空」(56行目)も、『やまなし』の「天井」(14行目)も、そのように美しい光とともに、死をもたらしもするものとして描かれている。

⑤ 『あやとり』の「小さな蟹」(27行目)たちが、『やまなし』の世界のように家族をなし、互いに言葉を交わし、美しいものに心動かされ外敵におびえながら生きている存在だと考えると、『あやとり』の「生き物のいのちとは、きっとそのあやとりそのもののことなのだろう」(71行目)という結びの言葉は、より広がりと深みをもって読めるものとなる。

(ii) 【資料】『やまなし』と【文章】『あやとり』との関係を踏まえつつ、【文章】『あやとり』をもとにした新たな創作を行うとしたら、どのような設定の作品を考えることができるか。その例として最も適当なものを、次の①～⑤のうちから一つ選べ。解答番号は 9 。

① 兄の仔猫が弟の死の悲しみを乗り越え親猫に会うために旅をする道中を追った物語。
② 猫の兄弟がまだ人間たちの家で暮らしていた戦争前の時代を舞台にした物語。
③ 敵の戦闘機に追われつつ焼夷弾を投下する爆撃機の乗員たちを主人公にした物語。
④ 蟹や魚が水族館に収容されかわせみにおびえることなく暮らすさまを描いた物語。
⑤ 戦争が終わった後でかつての敵同士が友情で結ばれるさまを描いた物語。

第6問 次の詩「網」(『夜明け前十分』、二〇〇一年)とエッセイ「かたじけない」(『黒雲の下で卵をあたためる』、二〇〇五年)を読んで(ともに作者は小池昌代《こいけまさよ》)、後の問い(**問1～6**)に答えよ。なお、設問の都合でエッセイの本文の段落に1～20の番号を付し、表記を一部改めている。(配点 50)

網

滑り台を滑り落ちる
(ア)笑いさざめきながら
階段をのぼって
何度でも
滑り落ちる
何度でも
また
何度でも
遊ぶ子供らの環《わ》をなす時間
そこからはじかれた大人の群れが
球体の外で仕方なく混ざりあう
あのこらは頭や足を使って
まぶしい世界のいたるところから
酸素のように
出たり入ったり
ひっくりかえったり
ぶつかりあったり
どんなにはげしくうごきまわっても
誰一人
この世の淵《ふち》からこぼれないように
こぼさないように
A見えない大きな存在の網が
すみずみまで
かれらを
すくいあげていく

かたじけない

1 （注１）久生十蘭《ひさおじゅうらん》に「母子像」という作品がある。美しいが鬼のような母を慕う、青年・太郎の悲しい話。初めて読んだときは、Ｂ次のような一節に、ぞっとして立ち止まったものだった。

「そろそろ水汲《く》みに行く時間だ」

太郎は勇み立つ。洞窟に入るようになってから、一日じゅう母のそばにいて、あれこれと奉仕できるのが、うれしくてたまらない。太郎は遠くから美しい母の横顔をながめながら、はやくいいつけてくれないかと、緊張して待っている。

「太郎さん、水を汲んでいらっしゃい」

その声を聞くと、かたじけなくて、身体《からだ》が震えだす。母の命令ならどんなことだってやる。磯《いそ》の湧き水は、けわしい崖の斜面を百尺も降りたところにあって、空の水筒を運んでいくだけでも、クラクラと眼《め》が眩《くら》む。崖の上に敵がいれば、容赦なく狙撃《ねらいう》ちをされるのだが、危険だとも恐ろしいとも思ったことがない。水を詰めた水筒を母の前に捧《ささ》げると、どんな苦労もいっぺんに報いられたような、深い満足を感じる。

あれは幾歳《いくつ》のときのことだったろう。ある朝、母の顔を見て、この世に、こんな美しいひとがいるものだろうかと考えた。その瞬間から、手も足も出ないようになった。……

2 母という存在に対する、ほとんど、マゾヒスティックな敬愛ぶり。特に心に刺青されたのは、「かたじけなくて、身体が震えだす」という一文である。かたじけない――時代劇などでは侍言葉としてわずかに耳にするが、現代を舞台にした読み物においては、ほとんど見かけることはない。礼状などで、かたじけなく感謝するという言い方をするひとは、今もいるかもしれない。しかしわたしたち現代人の語彙からは失われて久しい言葉だと思う。読んだ時、そこだけ他から浮き上がった違和感を覚え、しかし、他の言葉ではどうしても言い換えられない、決定的な魅力を感じた。こうしてこの小説は、わたしにとって、「かたじけない」という言葉一つで、そこにそそり立つ作品となった。

3 漢字では通常、「忝い」と書く。辞書によっては、「辱い」という漢字をあてているところもある。『字通』を(イ)繙《ひもと》くと、「忝」も「辱」も、どちらも、はじるとか、はずかしめるという意味を含む字で、そもそも自らを徹底的に貶《おとし》めることによって、相手を高め、相手への感謝を表すという仕組みを持つ語のようだ。相手が自分に与えてくれたものに比べれば、自分は、ずっと卑小な存在であるという、その差異の感覚が、言わせているような言葉に見える。

4 それにしても、実の親に対して、かたじけなくて身体が震えだすとは。「母子像」の太郎は、絶対的な権力者に対して、生涯の忠誠を誓う家来のようである。二人は本当に親子なのか？ 太郎には、普通の子供が親に甘えるような甘えがない。自分が親を愛しているのと同じくらいに、親にも愛してほしいという甘えが見当たらない。最初から遠い距離を持った関係であり、その距離のゆえに、いっそう観念としての愛や忠誠心が燃え立っている。

5 親が子を思うこころは、滅びるものから次世代への、いわば自然な流れ、愛情の順路である。子は親の愛情に「感謝」することはあっても、その愛情に意識的な返答を返さない。子自らが成長し生きることじたいで、親も充分として見返りを求めないし、子もまたそれをもって、親への孝行と考えているところがある。

6 一方、「母子像」のように、親は子を思わないのに、子が親を一方的に思う場合はどうなのか。これは不自然な流れ、愛情の逆路である。身分違いの恋愛にも似て、ただ、子が親を慕う思いが、どこにも解消されずに宙に浮かぶ。むごく残酷な愛情風景だ。ゆがんでいて倒錯的ではあるが、この徹底的に救われない親子関係には、妙に官能的なものすら漂っている。

7 確かに子にとって、最初に出会う権力者は、「親」であり、親は子供の、生死をすべてその手に握っている。太郎にとってはさらに、その権力者＝強者＝勝者が、「美」そのものでもあった。彼は進んで敗者となり犠牲者となり、やがて本当に死に至る。通常の親子関係のように、尊敬が感謝へと変形していくこともない。

8 そのひとの内実とは一切無関係に、ただその存在に対して、「かたじけない」と感じる心。それを一種の妄想と言ってしまうこともできる。かつては天皇に対して、一般民衆が、そうした感情を抱いた時代もあったろう。

9 しかし、自分自身を振り返って思うが、わたしの生活には、何かを畏怖するあまりに、自分をへこませなければ気がすまないというほどの対象がどこにも見当たらないというのが本当のところだ。これは単に、畏怖する対象の消滅なのか、それとも現代という時代に、それを許さない土壌があるのだろうか。

10 かたじけないという言葉を眺めることで、わたしたちのまわりの、亡くしたもの、得たものが見えてくるかもしれない。

11 そんなことを考えているときに、(注2)飯島耕一《いいじまこういち》氏の『白秋《はくしゅう》と茂吉《もきち》』を読んでいたら、「かたじけない」という言葉が、偶然にも、目に飛び込んできた。本書はすでに絶版となっている(注3)『北原《きたはら》白秋ノート』に、新たな論を加えた決定版である。白秋と聞いて、なんとなくわかったつもりでいて、実際には、その作品のごく表面しか知らず、どれひとつじっくりと読み込んだこともなかったわたしには、新鮮で興奮を呼ぶ白秋論であった。

12 この本のなかで著者は、白秋の『雀《すずめ》の生活』という本の一節を引用している。「かたじけない」は、そのなかにあった。飯島氏に導かれるように、わたしも古本屋さんで『雀の生活』を見つけ出してきて読んでみた。これが面白い。白秋が雀に対して、宗教的とも哲学的ともいえる考察を、子供のような心で綴《つづ》ったものだ。冒頭には次のような一文が記されている。

　雀を観《み》る。それは此《こ》の「我」自身を観るのである。雀を識《し》る。それは此の「我」自身を識る事である。C雀は「我」、「我」は雀、(ウ)畢竟《ひっきょう》するに皆一つに外ならぬのだ。

　かう思ふと、掌《て》が合はさります、私は。

13 そして、こう続ける。

　一箇《いっこ》の此の「我」が、此の忝い大宇宙の一微塵子《みじんこ》であると等しく、一箇の雀も矢張りそれに違ひは無い筈《はず》です。霊的にも、肉的にも。一箇の雀に此の洪大な大自然の真理と神秘とが包蔵されてゐる、……

14 わたしも雀は好きだ。庭へ来る鳥のなかでも、とりわけかわいい。飼う鳥ではないので、ともに生きる地上の仲間という感じがする。その丸みを帯びた小さい身体が、集団で舞い上がったり舞い降りたり。そのたびに、誰かが握り締めていた祝福が、ばらばらっと地上にばらまかれるような思いを持つ。

15 だから白秋が、このむしろ地味な日常的な鳥に、ここまで心を寄せているのが、意外でありうれしくもあった。

16 飯島氏は、このなかの「忝い」にとりわけ注目し、こんなふうに書いている。

「このかたじけない大宇宙と白秋は言う。宇宙存在を思って「かたじけない」と言えた白秋とは一体どのような人だったのだろう。……白秋の持っていた心というものを、われわれは失ったのだ。われわれは自分が何かを失ってしまったという空白感にたえず内心で脅《おび》やかされているが、それはたとえばこの白秋の「かたじけない」という心であるにちがいない。われわれが失ったのは白秋だ」

17 白秋がここでかたじけなく思ったのは、母親のような具体的な像でなく、宇宙という茫漠《ぼうばく》としたものである。言い方を変えれば、宇宙そのものというよりも、宇宙を在らしめている神秘の力に対して、かたじけないと感じたのかもしれない。

18 そして、雀も、その雀を観る我も、この宇宙のなかの一存在である。白秋自身、雀を眺めながら、同時に自分自身がいま、ここにあること、そのことが、かたじけないことであると考えたかもしれない。

19 「有難《ありがと》う」の最上級の表現として、この言葉を見つめなおすと、「かたじけない」が、アルことがとても難しいこと、いまここにそれが（ひいては自分自身が）あることへの驚き、あることへの感謝、とも読めてくる。そう思うとこの言葉は、ますますわたしたちから遠く離れて輝きだす。

20 『雀の生活』の初版は、大正九年。一方、「母子像」は、昭和二十七年ころ、読売新聞に発表されたもの。敗戦後数年まででは、こうして D同時代の作品のなかに、この言葉がなにげなく使われていたことを思うと、とても不思議な感じがする。

（注）1　久生十蘭 ―― 小説家（一九〇二～一九五七）。　2　飯島耕一 ―― 詩人（一九三〇～二〇一三）。

3　北原白秋 ―― 詩人、歌人（一八八五～一九四二）。

問1　傍線部(ア)～(ウ)の本文中における意味として最も適当なものを、次の各群の①～⑤のうちから、それぞれ一つずつ選べ。解答番号は 1 ～ 3 。

(ア) 笑いさざめきながら 1
① 笑って押し合いへし合いしながら
② 大声で笑い騒ぎながら
③ 笑いつつ急いで駆け上がりながら
④ 励まし笑いかけながら
⑤ 笑ってふざけ合いながら

(イ) 繙《ひもと》く 2
① ひらいて読む
② よりどころにする
③ 問いただす
④ たずね求める
⑤ 緩めほどく

(ウ) 畢竟《ひっきょう》するに 3
① 達観するなら
② 考察を極めれば
③ 逆説的なことに
④ 結局のところ
⑤ 総合すると

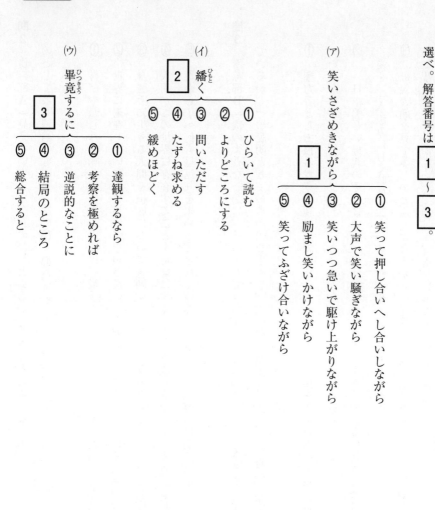

問2 傍線部A「見えない大きな存在の網」とあるが、これはどのようなものか。エッセイの内容を踏まえて説明したものとして最も適当なものを、次の①～⑤のうちから一つ選べ。解答番号は 4 。

① 喜びや悲しみを味わい生きる人間に、最後には必ず救いと恩寵《おんちょう》をもたらす慈悲深い神。
② 世界に遍在していても容易に姿を現さない、人間の生死のすべてを握る圧倒的な権力者。
③ 身勝手に生きる人間を根底において統制する、社会で共有されている様々な規律や道徳。
④ 人間がこの世界に存在することを可能にする、宇宙を成り立たせている理《ことわり》や神秘的な力。
⑤ 親から子へ何も見返りを求めることなく自然と示される、包容力に満ちた温かい愛情。

問3 傍線部B「次のような一節に、ぞっとして立ち止まったものだった」とあるが、筆者はその理由をどのように考えているか。その説明として最も適当なものを、次の①～⑤のうちから一つ選べ。解答番号は 5 。

① 権力者として振る舞う母親に忠誠を誓うことで、逆に愛情を欠く母親の態度の残酷さを浮き彫りにする太郎のしたたかさを、「かたじけない」という言葉が印象深く表していたから。
② 一日中美しい母親のそばにいて、自分の卑小さをさげすみその命令に従うことに心から陶酔感を覚える太郎の偏愛を、「水汲みに行く時間だ」という言葉が生々しく感じさせたから。
③ 母親の顔を見て美しいと思ったときから、母親を敬愛し命令されることに感謝し満足を覚えてしまう太郎の卑屈な思いを、「かたじけない」という言葉が見事に示していたから。
④ 危険を顧みることなく愛する母親のために行動し、甘えを禁じて進んで母親の犠牲になる太郎の倒錯的な感情

を、「水汲みに行く時間だ」という言葉が官能的に描出していたから。

⑤ 美しい母親を絶対化して一方的な愛情を抱き、自分を卑小な存在として進んでその言葉に付き従う太郎のよろこびを、「かたじけない」という言葉が絶妙に表現していたから。

問4 傍線部C「雀は『我』、『我』は雀」とあるが、その説明として最も適当なものを、次の①～⑤のうちから一つ選べ。

解答番号は 6 。

① 肉体も魂も大宇宙のなかではかなく消えゆく存在であるが、それらのしくみが神秘的である点では、人間も雀も変わらないということ。

② 肉体も魂も広大な自然のほんのわずかな一部であり、その摂理の表れにすぎないという点では、人間も雀も変わらないということ。

③ 肉体も魂も茫漠と広がる宇宙のなかを漂う不可思議な生命体であるが、自然の真理を共有する点では、人間も雀も変わらないということ。

④ 肉体も魂も宇宙の大きさと比べれば取るに足らないものであり、自然の真理に遠く及ばない点では、人間も雀も変わらないということ。

⑤ 肉体も魂も洪大な自然のなかの卑小な産物にすぎないが、生態系の不思議な連鎖を生きる点では、人間も雀も変わらないということ。

問5　傍線部D「同時代の作品のなかに、この言葉がなにげなく使われていたことを思うと、とても不思議な感じがする」とあるが、ここでの筆者の思いの説明として最も適当なものを、次の①～⑤のうちから一つ選べ。解答番号は 7 。

① 今では時代劇などで侍が使うときぐらいしか耳にしない言葉が、自分がいまここにいることに驚き感謝する思いを表す時代があったことに、おかしみを感じるとともに心惹《ひ》かれている。

② 敗戦の直後までは戦前の国家体制の影響が色濃く残り、自己を超える存在に帰依して自らの生を感謝するという現在とはかけ離れた状況であったことを、信じられずに戸惑いを覚えている。

③ 絶対的な存在を畏怖し、その存在に生かされ自分がこの時空にあるのだという奇蹟《きせき》に驚き感謝する思いを、現代人はいつのまにか失ってしまったと改めて思い返している。

④ 戦前から戦後にかけての明日をも知れない激動の時代だったからこそ、逆に一人一人が生の困難さを思い、いまここに生きることを感謝していたのだと深く心を打たれている。

⑤ 親子関係や日常目にする雀のなかに権力や宇宙を見て取り、自己の生をとらえ返す哲学的な考察を描く文学作品が古い時代にあったことに、作家として憧憬の思いを禁じ得ずにいる。

問6　詩「網」とエッセイ「かたじけない」の表現について、次の(i)・(ii)の問いに答えよ。

(i)　次の文は詩「網」の表現に関する説明である。文中の空欄 a ・ b に入る語句の組合せとして最も適当なものを、後の①～④のうちから一つ選べ。解答番号は 8 。

> 比喩的な表現や a を用いながら、詩の最後において表題の持つ意味が b に示されている。

① a―反復法　b―象徴的
② a―倒置法　b―帰納的
③ a―対句法　b―反語的
④ a―付随法　b―演繹《えんえき》的

(ii) エッセイ「かたじけない」の表現に関する説明として最も適当なものを、次の①～④のうちから一つ選べ。解答番号は 9 。

① 第2段落における「かたじけない――時代劇などでは」に用いられている「――」によって、「かたじけない」の本来の使用法が挿入されており、それとの対比において「母子像」の特異性と文学史上の価値とが浮かび上がるよう工夫がなされている。

② 第5段落における「『感謝』する」の「感謝」や第7段落における「『親』であり」の「親」に用いられている「　」は、これらのことばが通常とは異なる意味で使われていることを示しており、「母子像」で描かれる世界が異質なものであることを読者に深く印象付けている。

③ 第11段落における「飯島耕一氏の『白秋と茂吉』」に対する言及は、筆者と対立する立場にある論者の意見を引用し、批判的な考察を加えることによって、「かたじけない」という言葉に関する筆者自身の考えの独自性を際立たせる効果を上げている。

④ 第14段落における「誰かが握り締めていた祝福が、ばらばらっと地上にばらまかれるような思いを持つ」では、比喩を用いて雀の様子を華やかに描写することで、筆者の雀に対する親愛の情と、同様に雀に心を寄せる白秋への共感とが強調して示されている。

4

	解答欄								
	1	2	3	4	5	6	7	8	9
1	①	②	③	④	⑤	⑥	⑦	⑧	⑨
2	①	②	③	④	⑤	⑥	⑦	⑧	⑨
3	①	②	③	④	⑤	⑥	⑦	⑧	⑨
4	①	②	③	④	⑤	⑥	⑦	⑧	⑨
5	①	②	③	④	⑤	⑥	⑦	⑧	⑨
6	①	②	③	④	⑤	⑥	⑦	⑧	⑨
7	①	②	③	④	⑤	⑥	⑦	⑧	⑨
8	①	②	③	④	⑤	⑥	⑦	⑧	⑨
9	①	②	③	④	⑤	⑥	⑦	⑧	⑨
10	①	②	③	④	⑤	⑥	⑦	⑧	⑨
11	①	②	③	④	⑤	⑥	⑦	⑧	⑨
12	①	②	③	④	⑤	⑥	⑦	⑧	⑨
13	①	②	③	④	⑤	⑥	⑦	⑧	⑨
14	①	②	③	④	⑤	⑥	⑦	⑧	⑨
15	①	②	③	④	⑤	⑥	⑦	⑧	⑨

学習日（　／　）

自己採点結果	
問 1	点
問 2	点
問 3	点
問 4	点
問 5	点
合計	／50 点

5

	解答欄								
	1	2	3	4	5	6	7	8	9
1	①	②	③	④	⑤	⑥	⑦	⑧	⑨
2	①	②	③	④	⑤	⑥	⑦	⑧	⑨
3	①	②	③	④	⑤	⑥	⑦	⑧	⑨
4	①	②	③	④	⑤	⑥	⑦	⑧	⑨
5	①	②	③	④	⑤	⑥	⑦	⑧	⑨
6	①	②	③	④	⑤	⑥	⑦	⑧	⑨
7	①	②	③	④	⑤	⑥	⑦	⑧	⑨
8	①	②	③	④	⑤	⑥	⑦	⑧	⑨
9	①	②	③	④	⑤	⑥	⑦	⑧	⑨
10	①	②	③	④	⑤	⑥	⑦	⑧	⑨
11	①	②	③	④	⑤	⑥	⑦	⑧	⑨
12	①	②	③	④	⑤	⑥	⑦	⑧	⑨
13	①	②	③	④	⑤	⑥	⑦	⑧	⑨
14	①	②	③	④	⑤	⑥	⑦	⑧	⑨
15	①	②	③	④	⑤	⑥	⑦	⑧	⑨

学習日（　／　）

自己採点結果	
問 1	点
問 2	点
問 3	点
問 4	点
問 5	点
問 6	点
合計	／50 点

6

	解答欄								
	1	2	3	4	5	6	7	8	9
1	①	②	③	④	⑤	⑥	⑦	⑧	⑨
2	①	②	③	④	⑤	⑥	⑦	⑧	⑨
3	①	②	③	④	⑤	⑥	⑦	⑧	⑨
4	①	②	③	④	⑤	⑥	⑦	⑧	⑨
5	①	②	③	④	⑤	⑥	⑦	⑧	⑨
6	①	②	③	④	⑤	⑥	⑦	⑧	⑨
7	①	②	③	④	⑤	⑥	⑦	⑧	⑨
8	①	②	③	④	⑤	⑥	⑦	⑧	⑨
9	①	②	③	④	⑤	⑥	⑦	⑧	⑨
10	①	②	③	④	⑤	⑥	⑦	⑧	⑨
11	①	②	③	④	⑤	⑥	⑦	⑧	⑨
12	①	②	③	④	⑤	⑥	⑦	⑧	⑨
13	①	②	③	④	⑤	⑥	⑦	⑧	⑨
14	①	②	③	④	⑤	⑥	⑦	⑧	⑨
15	①	②	③	④	⑤	⑥	⑦	⑧	⑨

学習日（　／　）

自己採点結果	
問 1	点
問 2	点
問 3	点
問 4	点
問 5	点
問 6	点
合計	／50 点

1

	解答欄								
	1	2	3	4	5	6	7	8	9
1	①	②	③	④	⑤	⑥	⑦	⑧	⑨
2	①	②	③	④	⑤	⑥	⑦	⑧	⑨
3	①	②	③	④	⑤	⑥	⑦	⑧	⑨
4	①	②	③	④	⑤	⑥	⑦	⑧	⑨
5	①	②	③	④	⑤	⑥	⑦	⑧	⑨
6	①	②	③	④	⑤	⑥	⑦	⑧	⑨
7	①	②	③	④	⑤	⑥	⑦	⑧	⑨
8	①	②	③	④	⑤	⑥	⑦	⑧	⑨
9	①	②	③	④	⑤	⑥	⑦	⑧	⑨
10	①	②	③	④	⑤	⑥	⑦	⑧	⑨
11	①	②	③	④	⑤	⑥	⑦	⑧	⑨
12	①	②	③	④	⑤	⑥	⑦	⑧	⑨
13	①	②	③	④	⑤	⑥	⑦	⑧	⑨
14	①	②	③	④	⑤	⑥	⑦	⑧	⑨
15	①	②	③	④	⑤	⑥	⑦	⑧	⑨

学習日（　／　）

自己採点結果	
問 1	点
問 2	点
問 3	点
問 4	点
問 5	点
問 6	点
合計	／50 点

2

	解答欄								
	1	2	3	4	5	6	7	8	9
1	①	②	③	④	⑤	⑥	⑦	⑧	⑨
2	①	②	③	④	⑤	⑥	⑦	⑧	⑨
3	①	②	③	④	⑤	⑥	⑦	⑧	⑨
4	①	②	③	④	⑤	⑥	⑦	⑧	⑨
5	①	②	③	④	⑤	⑥	⑦	⑧	⑨
6	①	②	③	④	⑤	⑥	⑦	⑧	⑨
7	①	②	③	④	⑤	⑥	⑦	⑧	⑨
8	①	②	③	④	⑤	⑥	⑦	⑧	⑨
9	①	②	③	④	⑤	⑥	⑦	⑧	⑨
10	①	②	③	④	⑤	⑥	⑦	⑧	⑨
11	①	②	③	④	⑤	⑥	⑦	⑧	⑨
12	①	②	③	④	⑤	⑥	⑦	⑧	⑨
13	①	②	③	④	⑤	⑥	⑦	⑧	⑨
14	①	②	③	④	⑤	⑥	⑦	⑧	⑨
15	①	②	③	④	⑤	⑥	⑦	⑧	⑨

学習日（　／　）

自己採点結果	
問 1	点
問 2	点
問 3	点
問 4	点
問 5	点
問 6	点
合計	／50 点

3

	解答欄								
	1	2	3	4	5	6	7	8	9
1	①	②	③	④	⑤	⑥	⑦	⑧	⑨
2	①	②	③	④	⑤	⑥	⑦	⑧	⑨
3	①	②	③	④	⑤	⑥	⑦	⑧	⑨
4	①	②	③	④	⑤	⑥	⑦	⑧	⑨
5	①	②	③	④	⑤	⑥	⑦	⑧	⑨
6	①	②	③	④	⑤	⑥	⑦	⑧	⑨
7	①	②	③	④	⑤	⑥	⑦	⑧	⑨
8	①	②	③	④	⑤	⑥	⑦	⑧	⑨
9	①	②	③	④	⑤	⑥	⑦	⑧	⑨
10	①	②	③	④	⑤	⑥	⑦	⑧	⑨
11	①	②	③	④	⑤	⑥	⑦	⑧	⑨
12	①	②	③	④	⑤	⑥	⑦	⑧	⑨
13	①	②	③	④	⑤	⑥	⑦	⑧	⑨
14	①	②	③	④	⑤	⑥	⑦	⑧	⑨
15	①	②	③	④	⑤	⑥	⑦	⑧	⑨

学習日（　／　）

自己採点結果	
問 1	点
問 2	点
問 3	点
問 4	点
問 5	点
問 6	点
合計	／50 点

現代文

共通テスト対策のエッセンス

霜《しも》栄《さかえ》・多《た》田《だ》圭《けい》太《た》朗《ろう》
清《し》水《みず》正《まさ》史《し》・岩《いわ》科《しな》琢《たく》也《や》
共著

駿台文庫

はじめに

この問題集は、**「思考力・判断力・表現力」**を重視する**「大学入学共通テスト」**における現代文への実践的な対策を行うためのものです。

大学入学共通テストの現代文は、

論理的な文章
文学的な文章
実用的な文章

の三つの分野から出題されますが、これまでの入試のように、一つの問題文だけを読んで解答するという形式ではありません。

異なる分野の組み合わせ、グラフ・リスト・写真などの〈図表〉も含めた**〈複数テクスト〉**が出題されるなど、予測の難しい多様性に富んだ入試となります。従来型の「過去問題」だけでは対策を立てることが難しく、短期間での解法の演習で何とかなるというものではありません。

私たちはいま「知識基盤社会」という新しい時代の入口にいると言われています。ＡＩ（＝人工知能）やＩｏＴ（＝モノのインターネット）による「機械の自律化」が進行する第四次産業革命により、今ある多くの仕事は機械に取って代わられ、予測の難しい時代の変化に合わせて**常に学びつづけることが要求される社会**となっていくでしょう。

そんな時代の変遷の中で、大学入試においても、これまでと違う能力が要求されます。すべての科目において、従来のような知識・ルールの暗記を中心とした能力ではなく、知識を基盤とした**「思考力・判断力・表現力」**が問われることとなります。

また、現代文で学習する**読解力**は、これまで以上にすべての科目における基礎能力となるでしょう。

知識・技術の進展は国境を越え、社会のグローバル化を推し進め、パラダイム（＝思考の枠組み）の転換を引き起こし、そこに生きる私たちに柔軟な「**思考力・判断力・表現力**」を要求してきます。

だからこそ社会に向かってくる大きな変化の波を利用して、ぜひ素敵なサーフィンを楽しんでください。

充実感をもって「**大学入学共通テスト**」対策を行えるように、みなさんが本書を利用されることを願っています。

メッセージ

私たちはけっして社会が求めるものを満たすために生きているわけでも、学んでいるわけでもありません。学びの目指すところは、常に**自由に生きるため**であることを忘れないでください。

たとえば「論理的な文章」によって世界を広く厳密に見渡し、「文学的な文章」によって他者と自己を深く繊細に感受し、「実用的な文章」によって社会を現実的に批判的に検討することも、最終的には自由に生きることにつながっていると信じています。

社会の要求を満たすだけではなく、より自由になるための「思考力・判断力・表現力」を身に付ける学びを著者である私たちも目指していきたいと思います。

目次

本書の構成・使用法

▼この問題集は、「大学入学共通テスト」現代文問題の対策のために編まれたものである。「大学入学共通テスト」現代文の問題を集中的に学べるように構成されている。第Ⅰ章・第Ⅱ章とも、大学入試センターが作成した問題を最

初に学んだ後で、その形式に即して作題したオリジナル問題で練習を重ねる、という構成にしてある。

▼『問題』冊子は別冊となっているので、取り外して利用できる。また、『問題』冊子の最後にはマーク解答欄が付いているので練習用に使用してほしい。

▼解答時間について。本番では、1題当たりの解答時間はおよそ20～25分と想定されているが、学習を始めたばかりの時点では、それにこだわる必要はない。学習の進みぐあいや、各大問についての得意不得意に応じて設定すればよい

▼各問題の最初に、配点と正解を掲載し、〈自己採点欄〉を設けてあるので、活用してほしい。

配点・正解・自己採点欄

設問	配 点	解答番号	正 解	自己採点欄
1	各2点	1	①	2
		2	②	2
		3	⑤	2
		4	④	0
		5	①	2
2	6点	6	④	6
		12		0
合 計				36/50点

本書の用語解説

▼「大学入学共通テスト」の現代文は、〈論理国語〉（評論・論説文などの論理的な文章）、〈文学国語〉（小説・随筆・詩歌などの文学的な文章）、そして〈実用国語〉（社会生活の中で接する実用的な文章）の三分野となる。具体的には、第1問が〈論理国語〉、第2問が〈文学国語〉を主とする出題であり、さらに、第1問が〈論理国語〉と〈実用国語〉の組み合わせで出題される形が示されている。また、通常の文章だけでなく、グラフなどの〈図表〉をはじめさまざまな資料と複合した内容が問われる予定である。そこで、この問題集の〈解説〉では、それらすべてをまとめて〈テクスト〉という言い方をとっている。

▼〈テクスト〉には、大別すると二つの種類がある。

連続型テクスト……情報が連続的に文脈を生むテクスト。いわゆる〈普通の文章〉である。評論、小説、エッセイなどはもちろん、新聞記事、レポート、手紙、インターネット上のブログといったものも、連続型テクストに分類される。

非連続型テクスト…情報が非連続的に並べられたテクスト。リスト、表、グラフ、広告、予定表、カタログ、索引などである。写真や図などの視覚的情報も、非連続型テクストに分類される。

実際の生活の場面で接するのは、一つのテクスト内に複数のテクストを含む〈混成型テクスト〉（例えば、写真・図表や他の文章が埋め込まれたテクスト）や、別々に作られた複数のテクストが並べられたり結びつけられたりした〈複合型テクスト〉（例えば、関連するテーマについて、異なる筆者の文章を並べたり、出典の異なる資料を組み合わせたりしたテクスト）がほとんどである。「大学入学共通テスト」で出題されるのも、そうした形のテクストになると思われる。

「大学入学共通テスト」をはじめとする二〇二一年度以降の入試では、〈思考力・判断力・表現力〉を重視する方針が打ち出されている。そこでこの問題集の〈解説〉では、各設問で求められる学力の内容を、知識・技能・探求・取り出し・統合・解釈・熟考・評価・構成・表現の五つの項目で表示した。

〈思考力・判断力・表現力〉の前提となるのが知識・技能である。漢字・語彙・文法・文学史や、グラフや図の読み取り方など、「国語に関する知識・技能」のことで、漢字・語彙の記憶などの形でふだんから身につける努力を必要とするテクスト外の力である。

〈思考・判断〉のプロセスは、次のような三段階でとらえられる。

① テクストからの情報の探求・取り出し。テクスト内の特定の部分から目的に応じて情報を取り出す力である。テクスト

の一箇所ないし狭い範囲の部分に依拠した設問などは、このレベルで解答可能なものである。

②テクストの情報の**統合・解釈**。一つのテクストの全体、ないし複数のテクスト同士の関連を踏まえて、情報の統合・構造化・解釈を行う力である。テクストの複数の箇所や広い範囲に依拠する設問、本文全体の要約、さらに目的に応じて複数のテクストの情報を組み合わせまとめるような設問は、このレベルの力を必要とする。ただし、あくまでテクスト内の情報の処理にかかわる（従来の言い方でいえば〈本文に書かれてあること〉で解答できる）レベルである。

③テクストの情報に関する**熟考・評価**。テクストの情報について、自らの思考力や経験・知識などを生かしてテクスト外からとらえ直していく力である。テクストの情報に基づく推論、経験や知識に基づくテクストの内容の補足や精緻化、特定の立場に基づくテクストの内容の評価、テクストに基づく新たな考えの形成などを求める問いがこれに当たる。例えば、〈本文に書かれていないこと〉を推論したり、独自の具体例を考えたり、何らかの意見や主張を特定の立場に立って評価したり、といった設問では、このレベルの力を必要とする。

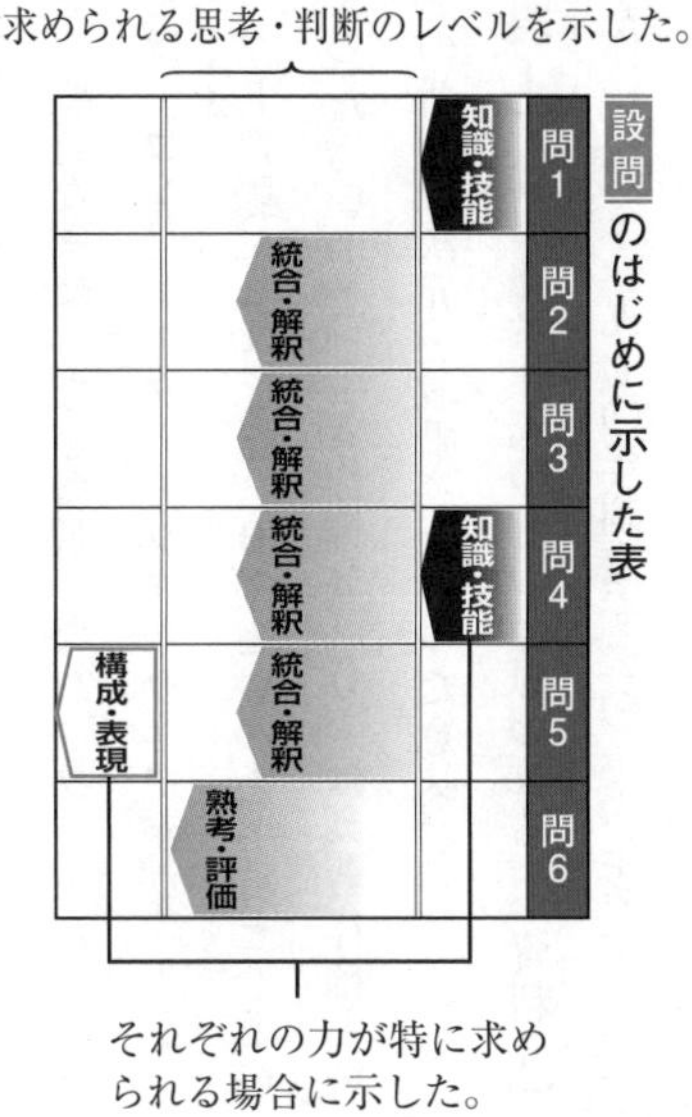

設問	知識・技能	統合・解釈	構成・表現	熟考・評価
問1	知識・技能			
問2		統合・解釈		
問3		統合・解釈		
問4	知識・技能	統合・解釈		
問5		統合・解釈	構成・表現	
問6				熟考・評価

設問のはじめに示した表

以上のようなプロセスを経て得られた〈思考・判断〉は、他者に伝えるために〈表現〉される必要がある。この問題集では、解答に当たって特に表現に関する留意・工夫が求められる設問を、**構成・表現**と表示した。文章の展開・構成のしかたや表現のはたらき・技法などを問うものなどがこれに当たる。ふだんから筋道を立てて文章を書いたり話したりする、テクスト外での言語活動によってつちかわれる力だと言える。

第1問 名和小太郎『著作権2.0 ウェブ時代の文化発展をめざして』

解答

設問	配点	解答番号	正解	自己採点欄
1	各2点	1	①	
		2	②	
		3	⑤	
		4	④	
		5	①	
2	6点	6	④	
3	8点	7	⑤	
4	9点	8	④	
5	8点	9	①	
6	各3点	10	②④⑥*	
		11		
		12		
合計				/50点

*順序を問わない。

出典

【文章】は、名和小太郎『著作権2.0 ウェブ時代の文化発展をめざして』(二〇一〇年NTT出版刊)の〈第4章 著作権法――「著作権法は著作物ではない」〉の一節。

名和小太郎(なわ こたろう)は一九三一年生まれ。東京大学理学部物理学科卒。工学博士。旭化成工業で研究・開発に携わり、主任研究員、取締役を歴任した後、新潟大学、関西大学などで情報通信制度を研究。現在、情報セキュリティ大学院大学特別研究員。著書に『技術標準対知的所有権』『情報の私有・共有・公有』『イノベーション 悪意なき嘘』など多数。なお、タイトルの「2.0」とは、コンピューターのソフトウェアがヴァージョンアップした際に〈××2.0〉といった名称となるのをもじった言い方で、『著作権2.0』は〈著作権という概念の新たな次元・段階〉といった意味。

【資料Ⅰ】は出題者作成のものと思われる。**【資料Ⅱ】**は「著作権法」(一九七〇年制定、二〇一六年改正)の一部。

問題文・資料

「大学入学共通テスト」の第1問は、基本的には〈論理国語〉の出題であるが、場合によりそこに〈実用国語〉を組み合わせた形の出題がありえる。この問題は、**【文章】**(論理的文章)が**〈論理国語〉**、**【資料Ⅰ】**(ポスター)

と【資料Ⅱ】（法律）が〈実用国語〉で、全体として三つのテクストが並べられた〈複合型テクスト〉となっている。

【資料Ⅰ】は、リード文（前書き）にあるように（広報用の）「ポスター」で、「著作権」について図示した〈非連続型テクスト〉である。大見出し・小見出しを見て、「著作権のイロハ（＝基礎的な事項）」に関し「著作物とは」「著作物の例」「著作権の例外規定」についてそれぞれまとめたものだ、という程度に概要を把握しておき、後で必要に応じて細かく見てみることにしよう。

【資料Ⅱ】は、リード文および【資料Ⅱ】の見出しにあるように「著作権法」の「条文の一部」である。〈連続型テクスト〉〈非連続型テクスト〉に属するが、〈条文のリスト〉としてとらえれば〈非連続型テクスト〉に近いものと考えてよいだろう。名称通り「著作権」について規定した法律であることをおさえておき、こちらも後で必要に応じて細かく見てみることにしよう。

【文章】は、図表を含む〈混成型テクスト〉の〈論理的文章〉で、〈連続型テクスト〉である。タイトルが『著作権2．0』であることがリード文に示されている。【資料Ⅰ】【資料Ⅱ】と合わせ、全体として「著作権」が〈話題〉になっていることをおさえておいて、本文を追っていこう（各形式段落を1～18で示す）。

1は、「作品」が、（書物などなら）「紙」、（絵画なら）「カンバス」、（音楽などなら）「空気振動」、（CDやブルーレイディスクなどなら）「光ディスク」といった「何らかの実体――記録メディア――」に載せられて「発表」されること、それを「『原作品』――オリジナル」と呼ぶことを述べる。2は、「この原作品のなかに存在する」「記録メディアから剝がされた記号列」としての「エッセンス（＝本質）」が「著作物」として「著作権」の対象となることを述べる。例えば、書物から「紙」を剝がした（除いた）もの、CDから「光ディスク」を剝がしたものなど、つまり〈書物に書かれていることそのもの〉〈CDに収録された曲そのもの〉といったものが、「著作権」

の対象となる「著作物」だということである。とはいえ、「著作権法」の「コントロール」は「複製物などの」「物理的な実体」にも及ぶ([3])。あるいは、「原作品」が失われても、また不完全な形の実体の中にも、「著作物」は存在する([4])。([4]「現代のプラトニズム(プラトン主義)」とは、こうしたあり方を〈現実の個々の事物の根底に、それらを存在させる真の実在がある〉というプラトンの〈イデア論〉になぞらえたものである。)

以上、[1]~[4]は**〈「著作権」の対象となる「著作物」とは原理的には〝作品のエッセンス〟のことだ〉**という趣旨だといえる。……**W**

[5]はまず「著作物」が「多様な姿、形をしている」ことを述べる。次に「表1の定義に……」とあるので「表1」を見ると、タイトルに**「著作物の定義」**とあり、縦の列の最上部に**「キーワード」「排除されるもの」**という軸が示されている。したがって、「排除されるもの」とは〈**「定義」**により**「著作物」から「排除されるもの」**〉の意だということになる。表には次のようにある。

・**「著作物」から「排除されるもの」**の特徴……外界にあるもの(事実、法則など)/ありふれたもの/発見、着想/実用のもの

ここから、**「キーワード」**はその逆で〈**「定義」**により**「著作物」に含まれるもの**〉の特徴を示す**「キーワード」**だとつかめる。表には次のようにある。

・**「著作物」に含まれるもの**の特徴……思想または感情/創作的/表現/文芸、学術、美術、音楽の範囲

これと[5]の「表1の定義に合致するもの……もっとも適合するものは**叙情詩**、逆に、定義になじみにくいものが**理工系論文**、あるいは**新聞記事**」とを重ねれば、

・**「ありふれたもの」「実用のもの」「外界にあるもの(事実、法則など)」**に関わる**「発見、着想」**など、**「著作物」から排除されるもの**……代表的なものが**「理工系論文、あるいは新聞記事」**

・**「思想または感情」**を**「創作的」**に**「表現」**する**「文芸、美術、音楽」**などの**「著作物」**……代表的なものが**「叙情詩」**

というのが、[5]の趣旨であることになる。[6]はこれを**「著**

作権法にいう著作物の定義は叙情詩をモデルにしたもの」「叙情詩モデル」と繰り返し、[7]でいったん「著作権法は叙情詩モデルを尺度として使えば排除されてしまうようなものまで、著作物として認めてしまう」と、右の原則から外れたケースについて述べた上で、[8]で再び「**叙情詩モデルについて続ける**」と、元の話に戻る。

[8]に「表2」は「叙情詩モデル」の意味を確かめるために、「理工系論文」と対比しつつ、その「特性」を述べたものだ、とある。[9]には「表2は……表1を再構成したもの」とあるから、先に**表1と[5]の箇所でつかんだ内容を頭に置きつつ表2を見、[9]を読む**。表2の縦の行の最上部に示された軸は「叙情詩型」「理工系論文型」であり、その下の項目が[9]でその軸に沿ってまとめられている。

・**叙情詩型**の特徴……「**私**」が「**自分**」の価値として「**一回的**」な対象を「**主観的**」に「**表現**」として示したもの

・**理工系論文型**の特徴……「**誰**」かが「**万人**」の価値として「**普遍的**」な対象について「**客観的**」に「**着想**」や「**論理**」や「**事実**」を示すもの

以上、[5]～[9]は、**叙情詩型のテキストは〈主観的〉〈個別的〉、理工系論文型のテキストは〈客観的〉〈普遍的〉といった対比**について繰り返し述べており、これが[5]～[9]の趣旨だといえる。……X

[10]・[11]は、同じ対比について、次のように述べる。

・「太郎を眠らせ……」のような**叙情詩型のテキスト**……「**表現の希少性**」が高いので「**その著作物性――著作権の濃さ――は高い**」

・「DNA配列」の「解読」などの**理工系論文型のテキスト**……〈対象が同じなら**誰でも同じ表現になる**〉ので、**著作物性は低い**　価値は**内容**にある

〈「**著作権**」は、そのテキストの「**内容**」ではなく〈**表現のしかたの独自性**〉**に価値を見いだし、その権利を保護しようとするものだ**〉というのである。

[12]は〈多くのテキストは「叙情詩」と「理工系論文」との間のどこかに位置づけられる〉と述べる。[13]・[14]は先の「**表現**」「**内容**」について「著作権法は、テキスト

の**表現の希少性……が際立っているものほど、そのテキストは濃い著作権をもつ、逆であれば薄い著作権をもつ**と判断するのである」(14)と繰り返す。

以上、[10]〜[14]は〈**著作権は、そのテキストの内容（理工系論文的なもの）よりも、表現の独自性（叙情詩的なもの）に重点を置く概念だ**〉と繰り返し述べており、これが[10]〜[14]の趣旨である。……**Y**

[15]〜[17]は、「著作物に対する操作」のうち、**「著作権に関係する」操作**を著作権の「**利用**」といい、表3のようなものがあること(15)、一方で、**「著作権法ははたらかない」操作**を著作物の「**使用**」といい(16)、「書物の閲覧、建築への居住、プログラムの実行など」がある(17)が、**両者の「判断基準は明らかでない」**(16)と述べる（なお、表3は前者の「利用」に属するさまざまな行為について、「著作物」のタイプと「利用目的」という軸に沿って整理したものである）。

[18]も同様に、著作権法における「**利用／使用の二分法**」の意義を述べつつ、「現実には**利用と使用との区別が困難な場合もある**」としている。

以上、[15]〜[18]は〈**著作物については、著作権法がはたらく（無断で行えば罰せられる）「利用」と、はたらかない「使用」とがあるが、両者の区別は必ずしも明確ではない**〉ということを繰り返し述べており、これが[15]〜[18]の趣旨だといえる。……**Z**

全体を振り返ってみると、この**【文章】**は、「著作権」について右の**W**（[1]〜[4]）・**X**（[5]〜[9]）・**Y**（[10]〜[14]）・**Z**（[15]〜[18]）の四点を説明したものだ、と把握できる。以上のように、

> **〈論理的文章〉は、〈対比〉〈同内容〉の繰り返しなどに注意しつつ、〈話題〉と〈方向性〉に注意する形で各部分の〈論旨〉を整理しつつ読み、最後に〈全体〉を振り返って、文章全体の〈言いたいこと〉や〈構造〉をとらえる、という読み方をすることが必要である。**

問題のねらい

大学入試センターが公表した「問題のねらい」は、

広報の文章（ポスター）、法的な文章（条文）、論理的な文章の構成や展開をとらえるなど、テクストの内容を的確に読み取る力を問うとともに、それらを互いに関連付けながら、設問中に示された条件に応じて考えを深め、適切に判断する力を問う。

実用的な文章と論理的な文章を題材としている。

と述べている。以下のような力が求められている。

① 〈論理的文章〉を軸に、〈実用的文章〉も含む多様なテクストを、それぞれの特質に即して的確に読み取る力

② 〈複数テクスト〉の関連性を把握し **統合・解釈** する力

③ 与えられた条件に応じて考え、適切に判断する **熟考・評価** の力

設問

設問	知識・技能	統合・解釈	熟考・評価	構成・表現
問1	知識・技能			
問2		統合・解釈		
問3		統合・解釈		
問4	知識・技能	統合・解釈		
問5		統合・解釈		構成・表現
問6			熟考・評価	

問1 【漢字】に関する 知識・技能

(ア)は〈ぴったり合う・一致する〉意の「合致」。①致命②報知③稚拙④緻密⑤余地で、正解は①。

(イ)は〈条件や状況、事情にあてはまる〉意の「適合」。①匹敵②適度③水滴④警笛⑤摘発で、正解は②。

(ウ)は〈両方のはじの部分〉の意の「両端」。①丹精（丹誠）②担架③破綻④落胆⑤端的で、正解は⑤。

(エ)は〈書物や資料などを調べたり見たりする〉意の「閲覧」。①欄干②出藍③乱世④一覧⑤累卵で、正解は④。

②〈出藍の誉れ〉は〈弟子が師よりもすぐれている（出藍

という名声〉。⑤〈累卵の危うきにある〉とは〈卵をいくつも積み重ねた(累卵)ように、きわめて危険な状態にある〉意。

(オ)は〈適切な分量や程度を超えている〉意の「過剰」。①剰余②冗長③醸造④施錠⑤常備で、正解は①。

問2　本文の複数の箇所を合成してその趣旨を推論的に考え、それを他の資料の内容に置き換える 統合・解釈

問題文・資料 の【文章】の項の[1]~[4]を参照。傍線部Aをうけて直後に「著作権が対象とするものは原作品ではなく、この記号列(=傍線部A)としての**著作物**である」とある。【資料Ⅰ】の「著作物とは」の項で、「『**思想または感情**』を表現したもの」以下「思想または感情」という言葉が繰り返されており、【資料Ⅱ】の第二条の一でも、「著作物　**思想又は感情を創作的に表現した**ものであって、文芸、学術、美術又は**音楽**の範囲に属するものをいう」という「定義」がなされている。以上の内容に合致する④が正解である。――が、これだけでは〈他の選択肢も「文芸、学術、美術又は音楽の範囲」であり「思想または感情」を表現したものでありうる〉と考えて、

迷ってしまうかもしれない。もう少し考えてみよう。

傍線部A「記録メディア」については、[1]に「作品」が「載せ」られた「実体――記録メディア」とあり、その例として「紙」「カンバス」「光ディスク」などが挙げられている。そうしたものから「……剥がされた記号列」というのだから、それは例えば〈書物から「紙」という**実体**を除いたもの=**書かれていることそのもの**〉、「原作品のなかに存在するエッセンス……とは何か。……記号列になる」とある「**エッセンス(本質)**」である。④は「思想や感情」そのものだから、「実体」を剥がした「エッセンス」だといえる。一方、他の選択肢はすべて、物質的な「実体」を含むもので、それが「剥がされた」ものには当たらない([1]に「空気振動」も「実体」だとある。つまり、音楽などの①「実演」⑤「歌唱」も、「実体」としての「空気振動」を伴うものだ、ということである)。以上から④以外は誤り、と確定できる。

問2は、①本文の記述を基に推論して内容を考え、②本文とは別のテクスト(資料や文章)の内容に置き換えて答える設問である点で、「大学入学共通テスト」の特徴

が典型的に現れたものだといえる。

> ① 設問で問われたことに関する本文中の複数の記述を論理的に**統合・解釈**して答えを導く
> ② 異なるテクスト間で、〈直接的に同じ表現でなくても、内容的に共通点をもっている事柄〉の対応関係に気づく
>
> といった思考法に慣れていこう。

問3 文章中の広い範囲で説明されている事柄に関する説明の適否を判断する **統合・解釈**

> 「大学入学共通テスト」では、いわゆる〈傍線部〉なしに、設問で指定された事柄について解答する設問が少なからず出題される。
> ① 読解の段階で本文の大筋をつかみ、
> ② 設問文から〈何が問われているのか〉を的確におさえ、
> ③ 〈本文の大筋〉のうちでその問いの解答内容に当たる事柄を考えつつ選択肢を吟味し、
> ④ それ以上細かい内容に関しては、改めて本文を確認する
>
> という手順で考えていきたい。

問題文・資料の【文章】の項でつかんでおいた〈本文の大筋〉(WXYZ)をもとに、選択肢を見ていこう。

❶は「利用」を「著作者の了解を得ることなく行うことができる」としているのがZに反する(15「著作権に関係するもの……前者を著作権の『利用』と言う」16「『使用』……に対して著作権法ははたらかない」と逆である)。

❸は「叙情詩型」と「理工系論文型」への「分類」を「二分法」としているのがおかしく(12「スペクトル」の「両端」である)、また❸「……明確な判断を下すことができている」がZ(特に16末、18末)に反する。❹「DNA……保護できる」はY(特に11・14)に反する。

❷・❺はどちらも(大筋としては)Yに合致するので、少し細かく見ていこう。❷については5末を確認。「理工系論文、新聞記事には、表1から排除される要素を多く含んでいる」という言い方になっている。したがって、

②「……除外される」と言い切ってしまうのは誤り。7にも「無方式主義」によって「……排除されてしまうようなものまで、著作物として認めてしまう」とある。

⑤は13に合致するので、これが正解である。

問4　表の読み方に関する **知識・技能** **と、二つの表を〈比較〉してはたらきの違いを考える** **統合・解釈**

「大学入学共通テスト」では、従来型の〈文章の読解〉に加え、図や表のはたらきを問う設問が出題される。

> 文中の〈図表〉は基本的には、本文の〈論旨〉を説明するために付されているものだから、本文の〈話題〉〈論旨〉の的確な把握を前提として、
> ①〈図表〉の〈タイトル〉などで〈何についての図表か〉をとらえ、また本文中の〈図表××を見てほしい〉といった叙述にも注意して、
> ②〈図表〉の内容と本文の該当箇所の〈論旨〉とを重ねて理解する
> ことが必要である。

表1はタイトル「著作物の**定義**」について、縦の列の最上部にあるように「キーワード」と「**排除**されるもの」の例を挙げたもの。つまり、あるものが〈著作物**である**〉と**認められる**ための「**定義**」の「キーワード」と、〈著作物**ではない**〉と「**排除**される」場合の要素とを挙げたものである。また、表2は「表1を再構成したもの」（傍線部B）で、タイトル「テキストの型」（＝縦の列の最上部「叙情詩型」「理工系論文型」）について、横の行の左端の項目ごとに特徴を整理したものである（それぞれの特徴は〈「叙情詩型」の「特色」＝「表現」〉〈「理工系論文型」の「記述法」＝「客観的」〉のように、〈縦の列の最上部(甲)と横の行の左端(乙)の各項目の交点の事項が、甲乙それぞれの項目の特徴をあわせもつものだ〉というふうに把握する）。それぞれの表の意味するところの詳細については、本文の〈論旨〉と重ねる形で 問題文・資料 の**【文章】**の項の5～9で述べているので、これも参照のこと。

選択肢を見ていこう。①は、表1に比べ表2が「排除されるもの」の方を強調しているように述べている点

で誤り。②は「『排除されるもの』……**を含む**ものを著作物**とする**」が誤り（表1の右側は「著作物」**から**「排除されるもの」である。問題文・資料のXY参照）。③は、表1が「著作物の多様な類型を網羅（＝**もれなく集める**）」しているとまではいえないので、誤り。⑤「叙情詩型と理工系論文型との類似性」ではなく、むしろ両者の〈対照性〉が示されているのだから、⑤は誤り（問題文・資料のXY参照）。

④はまず「……著作物**から**排除されるものとを整理している**表1**」「**表2**では、叙情詩型と理工系論文型の特性の**違い**を比べ」が先に②⑤で見た通り正しい。そして④「叙情詩モデルの特徴」は[5]の「表1の定義に……もっとも適合するものは叙情詩」に合致、④「著作物性の濃淡を説明している」は[10]や[14]に合致する。これが正解。

問5　本文中の〈論旨〉と表現のはたらきとの関連を問う　統合・解釈　構成・表現

「大学入学共通テスト」の前身である「大学入試センター試験」でも頻出だった表現についての設問。本文の〈論旨〉の理解を前提としつつ、各選択肢で取り上げられた表現の箇所をそれぞれ確認し、適否を判断していこう。

「**適当でないもの**」を選ぶ設問であることに注意。①で取り上げられた「――」は、いずれも直前の語句について直後で（言い換えたり[1]例を挙げる[3]などして）説明を加えているだけで、①「強調」するものだとはいえない。また、語句の具体的内容を説明しているだけで、①「筆者の主張に注釈を加え」ているわけでもない。①が「適当でないもの」つまり正解。

②で取り上げられた表現はいずれも他の文章に比べれば〈しゃべり言葉〉的な言い方だから、②「口語的」といえるし、いずれも説明を加え、「話」を「続ける」ところだから、②「いっそうの理解を促す」も「適当」。

③の「プラトニズム」とは〈プラトン（古代ギリシャの哲学者）主義〉のことで、③「哲学……の概念」といえる。③「ソシュール」については（注5）から「言語学者」だとわかる。これらは筆者の意見と同方向のもの

として挙げられており、③「援用して……」も妥当な説明である。③も「適当」。

④で取り上げられたものはいずれも「対比的」なものであり、違いを明確にする形で④「それぞれの特質を明らかにするため」といえるから、④も「適当」。

⑤で取り上げられた表現のうち一つ目、三つ目、四つ目は、それぞれ「**著作権法**ははたらかない」「**著作権**とは関係がない」「**著作権**は関知しない」だから、⑤「**著作権法**の及ばない領域を明らかにし」に当たる。また二つ目は「その**判断基準は明らかでない**」だから、⑤「現実的な運用の**複雑さ**を示唆している」に当たる。⑤も「適当」。

問6　複数の実用的なテクストを関連させ、条件に即して必要な情報をとらえる 統合・解釈 **を踏まえて具体例を考える** 熟考・評価

実際の社会で触れるテクストを想定した〈実用国語〉の出題である点、および〈複数テクスト〉を関連させて考える問題である点において、「大学入学共通テスト」の特徴が典型的に現れた設問である。次のような手順で考えていこう。

> ①設問の〈要求〉〈条件〉を的確に把握し、
> ②①を念頭に置きつつ、様々な要素の入り混じった〈実用的テクスト〉（資料）を見渡して、
> ③適切な情報を把握し、要求・条件に即した形になるようとらえ直す。

【資料Ⅰ】の空欄aの上には「著作権の例外規定（権利者の了解を得ずに著作物を**利用**できる）」「〈例〉市民楽団が市民ホールで行う演奏会」「例外となるための条件」とある。本来ならば**著作権に触れる「利用」**（**【文章】**の15参照）に当たる「演奏」（**【文章】**の表3参照）について、「例外」として「権利者の了解を得ずに」行うことができる「条件」が、空欄aに入るものだというのである。

このことに関係ありそうな条文を**【資料Ⅱ】**から探そう。「第一条」は法律の「目的」であり、「利用」という語は出てくるが、その「条件」について述べたものではない。また「第二条」は「用語」の「定義」であり、や

はり「利用」の「条件」に関するものとはいえない。「第三十条の四」以降がこの問いに関連するものだと判断できる。これをもとに選択肢を見ていこう。

まず、第三十八条「営利を目的とせず、かつ、聴衆又は観衆から料金……を受けない場合には、公に……演奏……することができる」に当たるのが②④で、これが正解。さらに、第三十八条に「演奏……できる。ただし……報酬が支払われる場合は、この限りでない（演奏できない）」とあるのを裏返せば〈報酬が支払われなければ演奏できる〉となるから、これに当たる⑥も正解である。

①③に関しては「権利者の了解を得ずに著作物を利用できる」かどうかの根拠が【文章】【資料】中にない。⑤「文化の発展」は【資料Ⅱ】の第一条に「著作者等の権利の保護を図り、もつて文化の発展に寄与」とあるように、「権利者の了解を得ずに著作物を利用できる」「条件」ではない。

第2問　山本登志哉『文化とは何か、どこにあるのか』

解答

設問	配点	解答番号	正解	自己採点欄
1	各2点	1	⑤	
		2	⑤	
		3	①	
		4	①	
		5	④	
2	7点	6	③	
3	7点	7	④	
4	各4点	8	③	
		9	①	
5	8点	10	②	
6	4点	11	③	
	6点	12	⑤	
合計				／50点

出典

【文章】は、山本登志哉『文化とは何か、どこにあるのか——対立と共生をめぐる心理学』(二〇一五年新曜社刊)の〈文化集団の実体性〉の一節。出題に際しやむをえぬ事情により省略・改変を施した箇所がある。

山本登志哉(やまもと　としや)は一九五九年生まれ。京都大学大学院文学研究科修士課程修了、北京師範大学研究生院博士課程修了。早稲田大学人間科学学術院教授を経て、(財)発達支援研究所所長。専攻は発達心理学・法心理学・文化心理学。著書に『ディスコミュニケーションの心理学』『子どもとお金』(いずれも共編)など。

問6(ii)の**【資料】**は、『朝日新聞　神奈川版』(二〇一五年一二月八日朝刊)による。ただし、文中の大学名は仮名としている。

問題文

【文章】は、図表(写真)を含む〈混成型テクスト〉の〈論理的文章〉で、〈連続型テクスト〉である。本文の展開に沿って解説していこう(各形式段落を1~20で示す)。

1~13は、「中央分離帯」と「(道路の)中央線」「貨幣」とを〈対比〉しつつ、〈物理的実体のない虚構でありながらリアルに機能するもの〉を論じる。

ガードレールなどを用いた中央分離帯
「**物理的な線**」を引いて壁を作っている
↔
中央線
ただ路面に描かれた線　**心理的**　約束事
物理的な実体性はない　**虚構**の「壁」　無視すると
＝　恣意的　＝　結果は**リアル**

貨幣
物としては単なる紙切れ＝明らかに**虚構**
一万円の価値→実生活では**リアル**な働き
(例)ハイパーインフレ＝紙幣が紙くずに
初めての外国の貨幣＝おもちゃのよう→使っていると**実体化**
＝
虚構の価値→**実体化**

人間の社会には、「中央線」「貨幣」のように〈「**物**」としての「**実体**」は**ない**（ある種の）「**虚構**」なのに、「**心理的**」にはある働きをするものだと信じられ、そのようなものとして「**リアル**」に**機能するもの**がある〉というのである。

14～17は、同じ例を用いてさらに説明を加える。

中央線
虚構のツール→**規則**通りに**運用**　交通**実践**が**成立**
無視することに**心理的抵抗感**
「**違反**」国家権力による**処分**
内的・外的なサンクション
↔
規則からの**逸脱**　交通実践が**破綻**

貨幣
幻想・虚構の価値→経済的**実践行為**により→システムが**機能**
システムを揺るがす行為
国家権力による**刑罰**
「**虚構**」信じられるよう
国家権力が**担保**→「実体」
内的外的なサンクション→人間社会が**機能**
↔
幻想性・虚構性が**顕わ**になる→経済システム**破綻**
（「価値」の喪失）

「中央線」「貨幣」などは、その「システム」からの「逸脱」が生じて、「幻想」「虚構」であることが顕わになると「破綻」する。そこで、「内的・外的なサンクション（＝拘束力・法の強制力・制裁、問4解説参照）」、つまり規則を破ることに対する心理的抵抗感や、実際に破った人への国家権力による刑罰等によってそれを防ぎ、「規則」「システム」として「運用」「実践」されることで機能するのである――と述べられている。

18・19はここまでの論を「ゲーム」になぞらえて説明する。

主観的・恣意的→ルールに基づきプレイ→ゲームが成り立つ
順法の感覚
違反者には制裁
内的・外的サンクション→ゲーム参加者には絶対的・客観性

「中央線」「貨幣」などは、「物理的な実体性」のない「虚構」（a）でありながら、「サンクション」のシステムによって「逸脱」のないように運用される（b）ことで、「リアル」なものとして「機能」し（c）、あたかも「実体」であるかのように信じられる（d）。――同様に「ゲーム」の「ルール」も、「主観的で恣意的」なもの（a）でありながら、違反を防ぐ「サンクション」のもとでプレイされる（b）ことで、ゲームという「社会的実践行為」を「実現」し（c）、「絶対的な」「客観性を持った」もののように感じられる（d）というのである。

20は以上をうけた全体のまとめ。右のa～dとの対応を示しておこう。

虚構が――――――――――――――→実体化する
主観によって恣意的に生み出されたと見える対象が（a）→社会的実践の要素として共有され（bc）→実体的要素 客観的なものとなって現れる
個々人の主観を外部から規定（b） 機能的実体化（d）

本文全体の要旨は〈人間社会には、実体のない虚構でありながら、内的・外的サンクションのシステムに支えられつつ社会的に共有され実践されることで、人々を支配し規定する客観的実体であるかのように機能する様々なものが存在する〉といったことである。

問題のねらい

文化に関する〈論理的文章〉の内容や構成を的確に読み取る力を問うとともに、文章と写真（図・グラフ）との関連性を理解したり、現実の具体的〈事例〉を取り上げた別のテクストの〈論旨〉を理解して、それらを関連づけ、考えをまとめる力を問う。

〈論理的文章〉〈文化論〉と、関連する事例を伝える新聞記事、およびそれらについて議論する会話文を題材とする〈複合型テクスト〉である。以下のような力が求められている。

① 写真を含む〈論理的文章〉を的確に読み取り、写真やグラフと文章を関連付けて 統合・解釈 する力
② 〈複数テクスト〉の関連性を把握したり、それに基づいて〈応用的思考〉を展開する 熟考・評価 の力
③ 与えられた条件に応じて考え、適切に判断する力

設問

設問	知識・技能	統合・解釈	熟考・評価
問1	知識・技能		
問2		統合・解釈	
問3		統合・解釈	
問4			熟考・評価
問5		統合・解釈	
問6 (i)	知識・技能	統合・解釈	
問6 (ii)			熟考・評価

問1　【漢字】に関する 知識・技能

(ア)は〈はばむ・相手のじゃまをして止める〉意の「阻止」。①組織②措置③疎遠④質素⑤阻害で、正解は⑤。〈阻害（さまたげる・じゃまをする）〉と〈疎外（よそよそしくする／そのもの本来のあり方から離れる）〉との使い分けに注意。

(イ)は〈借金などの際に、自分の財産や権利などを貸し手への保証に当てること（それに当てられたもの）〉の意の「担保」。ここでは「信用性を担保する（＝保証する）」といった比喩的な用いられ方で、こうした用法も一般化

している。①単価②万端③生誕④豪（剛）胆⑤分担で、正解は⑤。

(ウ)は〈（規則や合理的理由などによらず）意思にまかせる・自由に（無作為に）選ぶ〉意の「任意」。①就任②証人③認定④忍耐⑤妊娠で、正解は①。

(エ)は〈物事のありさま・ようす〉の意の「様相」。①様②要③用④養⑤妖で、正解は①。

(オ)は〈表面上は異なって見えるものが、根底では通じ合っている〉意の「通底」。①西低②停滞③締結④払底⑤日程で、正解は④。〈払底〉は〈物がまったくなくなる（非常に少なくなる）〉意。

問2　具体例に関する記述の理解をもとに、文章による記述と図とを重ねて考える 統合・解釈

図表に関する設問の注意点は、第1問の問4に示したので、再読してほしい。

まず①。3・4に「分離帯は……『物理的な線』を引いて壁を作っているのに対し、中央線のほうは……線でそこを踏み越えないように指示をしているだけ」「前者はいわば物理的に……後者はいわば心理的に……」「その意味でこの線（中央線）は交通規則という約束事に基づくだけの、虚構の『壁』」とある。つまり、①「中央分離帯」は2「ガードレールなどを用い」た）「物理的」な「壁」であり、図1の「約束事」としての「中央線」ではない。①は誤り。本文の〈対比〉関係を的確におさえているかどうかが問われた選択肢である。

②は「物理的実体としての『壁』を作ることの重要性を訴えるものである」が本文の〈論旨〉と異なる。6に「虚構を虚構にすぎないと無視すると何が起こるでしょうか。図2の写真のようなことがあり得る」とあるのだから、図2が「訴える」ことがあるとすれば〈「虚構」である中央線が作る境界を〝現実〟に守ることの必要性〉である。――8以降で論じられる「一万円札」の価値も同様の「虚構」であるが、だからといって〈貨幣でなく実体のある物品だけを所有すべきだ〉という「訴え」にはならないのと同様、図2も〈中央線ではなく物理的実体としての中央分離帯を作るべきだ〉と訴えているのではない（本文は（問題文）で見たように）〈「虚構」が「実

体」として機能することで社会は支えられている〉という〈論旨〉であって、〈虚構に頼るのは危険だから物理的実体を重視すべきだ〉と主張しているのではない）。②も、本文全体の〈論旨〉の正確な理解を前提として選択肢を見ているかどうかが問われた選択肢である。

③の「貨幣」については、[9]に「製造コストは一枚当たり20円程度」の紙切れが「経済取引では額面通りに一万円として機能することにな」るという**「虚構」（約束事）**の価値であることが述べられており、[11]・[12]には「**貨幣の虚構性は、こんな場合に顕わになります**。図4の写真を見てください」「マルク紙幣が文字通り紙くずとして扱われている……」とある。また、「中央線」については①でも見た通り[4]「約束事に基づくだけの、虚構の『壁』」であるが、ふだんはそのような「『虚構』のツールが『実体』として機能」している⑰。それを「虚構にすぎないと無視」した結果が、図2の交通事故である。したがって図2も〈ふだんは〝実体であるかのように〟扱われている「中央線」の「虚構」性があらわになった事態〉だといえる。③が正解である。――さらにいえば、図2の事態は[14]末で再度説明されており、それを[15]で「貨幣も**同様**です」とうけて、[15]後半で「……価値の幻想性・**虚構性が顕わになって**しまうと……」と図4の事態に触れているのだから、やはり図2と図4はどちらも「同様」に、「虚構性が顕わになっ」た事態を述べたものだということになる。本文の〈論旨〉上、「中央線」と「貨幣」が同方向の例として挙げられていることが把握できているかどうかが問われた選択肢である。

④の「図3」で④「リアルな物理的実体」と呼べるものは〈紙〉であるが、[8]「図3の写真を見てください」に続けて[9]で「一枚当たり20円程度」の「紙」が「一万円として機能する」のは「虚構」だと述べるように、図3は貨幣の「虚構」性を説明するためのものであって、④「『虚構』とみなされがちな『貨幣』の価値が、実はリアルな物理的実体に基盤をもつことを表すもの」ではない（本文は〈電子マネーに比べれば紙幣は物理的実体だ〉といった対比をしている文章ではない）。図の印象だけから答えるのではなく、本文の〈論旨〉と図を重ねて理解しているかどうかが問われた選択肢である。

⑤の「図４」は[12]にあるように「貨幣の『虚構の価値』」が「ほとんど意味を失っている」という事態を示すものであり、⑤「『虚構の価値』が『実体化していくプロセス』を表現するもの」とはむしろ逆。「『虚構の価値』が『実体化していくプロセス』」は[13]の〈最初はおもちゃのように感じられた外国の貨幣が、使っていくうちに価値あるもののように見えてくる〉ようなケースである。

問３　傍線部に関する複数の記述からその理由の説明としての妥当性を判断する 統合・解釈

「**適当でないもの**」を選ぶ設問であることに注意。

――傍線部Aを含む[16]の初めから、「貨幣……をツールとする経済的実践は、本来価値のないもの（ａ）にみんなが価値を感じるという、一種の集団催眠のような状態（ｂ）が成立することで成り立ちます。……そこには『信じる者は救われる』（ｂ）とでもいうような状況が成り立っており、それゆえそのシステムを揺るがすような行為（ｃ）、たとえば**偽札作り**は、殺人に次ぐレベルのきわめて重い刑罰……によって……抑制されます」とある。

「**システムを揺るがす**」とは具体的には、「貨幣の価値の幻想性・虚構性が顕わになってしまう（ｃ１）と、もはや貨幣は貨幣としての機能を果たせなくなり、経済システムも破綻します。その結果人々の暮らしも破壊され、生命の危機に直面したり……戦争状態を引き起こすことすらあります（ｃ２）」[15]といったことである。

以上をもとに考えてみよう。傍線部Ａ「偽札作り」は、「（貨幣の信用性によって成り立つ）システムを揺るがすような行為」だとあり、それはｃ１・ｃ２のような事態を招くとあるのだから、ｃ１・ｃ２は「偽札作り」が「刑罰」の対象となる理由の一つだといえる。ｃ１に当たる⑤、ｃ２に当たる①は「適当」である。――では「偽札」が「貨幣の価値の幻想性・虚構性」を「顕わ」にするものだといえるのはなぜか。[9]に「製造コストは一枚当たり20円程度」の「**単なる紙切れにすぎない**」札が、「社会的な実生活の中では」「一万円」の「価値」をもつ――したがって「その価値は明らかに虚構です」とある。「**偽札**」も「**単なる紙切れにすぎない**」（先のａ）**点では、本物の札と同じである**。つまり偽札は、**〈一万円も偽札**

と同じ単なる紙切れじゃないか〉と気づかせることで、**〈一万円札には一万円の価値がある〉という「集団催眠」（先のb）から人々を目覚めさせてしまう**（＝「貨幣の価値の幻想性・虚構性」を「顕わ」にする）可能性をはらむ、ということである。aをおさえた②と、bに当たる③も「適当」。〈物としての価値の根拠〉はないのだから、（「集団催眠」とあるように）③「心理的なものにしかその根拠をもたない」も言い過ぎではない。であればこそ「国家」は、「偽札」を罰するなどして、貨幣の「信用性」を「担保」しようと懸命になる⑰のである。――以上から、④「偽札作りは単なる利益目的の行為ではなく、国家権力への反逆という政治的**意図**をもつ行為だから」は、「適当でない」ことになる。かりに「政治的**意図**」はなく「利益目的の行為」であっても、「偽札」が流通すれば、そのこと自体で右のように〈経済システムの破綻〉が生じる、だから「国家」はそれを防ごうとする、というのが本文の〈論旨〉である。つまり本文の〈論旨〉からは、偽札作りが〈**結果として**「国家権力への反逆」となる〉とはいえても、〈偽札作りとは国家への反逆をはじめから「**意図**」するものだ〉とはいえない。④が「適当でないもの」つまり正解である。

「大学入学共通テスト」では〈論理的思考力〉を試す設問が多く出題される。そうした設問の一種として、

〈〝結果的にAとなった〟だけなのか、最初からAを〝意図し（目的とし）ていた〟のか〉を取り違える誤答

に注意しよう。

問４　傍線部に関する複数の記述をもとに傍線部について理解する 統合・解釈 **と、その理解を本文外の具体例に置き換えて考える** 熟考・評価

まず「『内的・外的サンクション』の意味を文中から読み取」ろう。⑭に「中央線」を「無視すること……についても強い**心理的な抵抗感**が発生します。**内的な**サンクションのシステムがそこには成り立っています」「あえて無視した場合には、『交通違反』として国家権力による強制的な処分の対象になり得ます。すなわち**外的な**サンクションのシステムが作られています」とある。つ

まり、〈規則などを破ることに対する**自らの心理的抵抗感**〉が「**内的サンクション**」(甲)、〈規則などを破ることにより(自らの外部にある何ものかにより)**処分されるなどの罰をうけること**〉が「**外的サンクション**」(乙)だということになる。傍線部B直前でいえば、「参加者」自身の「順法の感覚」が(甲)、「違反者に……制裁が与えられ」ることが(乙)である。

したがって、傍線部Bの少し前にある「サッカーは手を使わないというルール」について、〈**選手自らが破るまいとした**〉ケースについて述べた③が「内的サンクション」(甲)、〈破った選手を**審判が処分した**〉ケースについて述べた①が「外的サンクション」(乙)であることになる。ちなみにここでの「サンクション(sanction)」は、辞書的な意味としては〈拘束力・法の強制力〉あるいはそれらに基づく〈制裁〉といった意味である。

誤答について。②「観客にアピールする魅力的なプレー」④「戦術(によって)……ゲームに勝とうとすること」⑤「ミスをして……批判を浴びせられる」は、いずれも右に見たような「ルール」違反に関する内容ではないので、誤り(⑤についていえば、たとえば味方へのパスをミスしたとしても、それは「ルール」に違反したわけではない)。また、傍線部Bは、「サッカー」の「**ゲームという社会的な**実践」における「手を使わないというルール」に関する「違反」について述べた箇所なのだから、〈一般社会の法やモラル〉について述べた⑥「法に触れ……国家権力による制裁」⑦「社会人としても人々の模範」は、設問文「ここでの……具体的な説明」としては不適切で、誤りである。⑲初めからの流れでわかる通り、傍線部B前文「社会的実践行為」の「社会」とは〈サッカーをする人々の集団〉、「順法」は〈サッカーのルールを守ること〉であり、⑥・⑦のような意味ではない。

問3・問4とも、傍線部の周辺だけでなく、他の箇所とのつながり、さらには本文全体の〈論旨〉がつかめていることが、正解の前提となっている。

「大学入学共通テスト」の第1問(評論など)では、傍線部なしに本文のある範囲(あるいは全文)の〈論旨〉を問う設問や、傍線部と他の箇所との〈論旨〉上

のつながりをおさえなければ解けない設問が、多く出題される。

〈読解力＝設問解答力〉であることを意識して、文章読解の練習に努めてほしい。

問５　ある概念に関する本文全体の記述をもとにその内容を理解する　統合・解釈

問題文解説、特にその末尾の部分を参照。そこに根拠を示したように、本文末尾の[20]が、「中央線」「貨幣」「ゲーム」について論じてきた本文全体の「虚構」についての論をうけたまとめになっている。――[20]初め「このような構図の中で虚構が実体化する」とは、[18]からの「ゲーム」という〈話題〉に即していえば、**「人が作り上げた」「物理的な必然性」**のない**「主観的で恣意的な**……いわば虚構」（a）が（以上[18]）、「内的・外的サンクション」によって機能する**「ルール」に従う**（b）**「社会的実践行為」となる**（c）ことで、参加者にとって**「自らを支配する**絶対的な存在として（b）、あたかも物理的実体でもあるかのように……立ち現れてくる（d）」（以上[19]）という趣旨をうけている。問題文の[18]・[19]の箇所で見たように、これは（サッカーのような）「ゲーム」だけでなく「中央線」「貨幣」にも共通していえることである（e）。また、その〈虚構の実体化〉はその後で**「機能的**（f）実体化」とも述べられている。先に見たような「虚構」が、「人々の何らかの相互作用（社会的実践）を成り立たせる要素として共有された（c）ときに……実体的な要素として……現れる」というのである。

以上a～fに合致する②が正解。対応を確認すると、人間社会の様々な制度や文化（e）は、恣意的に生み出された物理的実体をもたない「虚構」（a）でありながら、約束事として（b）多くの人々に共有され実践される（c）ことによって、現実的な力をもつ（b）社会的実体として（d）機能する（f）ようになったものである。

誤答について。①は「普遍的な人間性や自然の本能と比べれば」が本文の〈論旨〉と無関係で、誤り。また①「ゲームでしかない」としたのみでは、〈〈虚構でありながら）**実体であるかのように機能する〉**（右の**ｂｄｆ**）という本文の〈論旨〉の中核に届いていない。

③は「『虚構』をできるだけ排除し」が本文の〈論旨〉と異なる。これでは「中央線」や「貨幣」を「排除」すべきだ、と述べていることになってしまう。

④は「ゲーム」と「貨幣や交通制度」を対比的なものととらえているのが本文（右の**ｅ**）と異なる。

⑤は「私たちはそうした状態から覚醒してリアルな世界を取り戻さなければならない」が本文の〈論旨〉と異なる。これでは③同様、「中央線」や「貨幣」を実体的なものとみなす状態から「覚醒」すべきだ、と述べていることになってしまう。

問6　(i)は本文の図（写真）と文章およびグラフの関連性を把握する 統合・解釈 **と、グラフの読み取りに関する** 知識・技能

(ii)は本文の〈論旨〉の読解に基づき他の資料を理解する 統合・解釈 **と、それをもとにして〈応用的思考〉を展開する** 熟考・評価

(i)　本文の〈論旨〉をもとに適切なグラフを選ぶ設問。

波線部「ドイツのハイパーインフレーション時代」とは「図4の写真」についての言及で、続く箇所に「**マルク紙幣**が文字通り**紙くずとして扱われている**……様子です。もはや**貨幣の『虚構の価値』**はほとんど意味を**失っている**」⑫「そういう危機状態」⑬とある。「偽札」ではなく、正式な「貨幣」なのだから、**以前は〈価値あるもの〉として〈通用していた〉**わけである。それが**「紙くず」のように「価値」を「失って」**いく事態が、「**1922年から翌年にかけて生じた**」（波線部直前）ということになる。――各グラフの横軸（年）で「1922年から翌年にかけて」の位置をおさえ、その上のグラフの線の変化を見てみよう。

すると、まず①・④は「1922年から翌年にかけて」大きな変化が生じているグラフではないので、外れる。

②は〈「金358㎎」（右上）を買うのに、1922年初め頃（横軸）には100億マルク近く（縦軸）の貨幣が必要だったのに、1923年終わり頃（横軸）には1マルク以下（縦軸）の貨幣ですむようになった〉というグラフである。つまり〈22年初めには、1マルクの貨幣でおよそ〈358㎎÷100億〉

〈つまりほとんどゼロ〉の金しか買えなかったのに、23年終わりには、**同じ1マルクの貨幣で358㎎以上の金が買えるようになった**〉ということになるから、②は〈貨幣の価値が**上がった**〉場合のグラフである。一方③は〈「金358㎎」を買うのに、22年初めには50マルクくらいの貨幣ですんだのに、23年終わりにはおよそ1兆マルク必要になった〉というグラフである。つまり〈1兆マルクの貨幣で、22年初めにはおよそ〈358㎎÷50×1兆〉の金が買えたのに、23年終わりには、**1兆マルク出しても、約358㎎の金しか買えなくなった(!)**〉ということになるから、③は〈(それまでの)貨幣が、「紙くず」のように**価値が下がった**〉場合のグラフだということになる。正解は③。

ちなみに「インフレーション(インフレ)」とは〈物価が上昇する(物の価値が上がる＝貨幣の価値が下がる)〉状態をいう言葉。反対語は〈デフレーション(デフレ)＝物価が下落する(物の価値が下がる＝貨幣の価値が上がる)状態〉。また、「ハイパー」は〈極度の〉の意なので、「ハイパーインフレーション」は〈極度のインフレ〉の意。

(ii) 本文の〈論旨〉の理解を本文とは異なる資料に応用して考える設問。このように、「大学入学共通テスト」の大きな特徴は、複数の文章・資料が与えられ、それらを関連させて理解したり、それらを見渡しつつ必要な情報を **探求・取り出し** したり、**統合・解釈** や **熟考・評価** を行ったりする問題が出題されることである。こうした〈複数テクスト〉の問題は、次のようなことを意識したい。

> ① 〈話題〉〈論点〉の関連性(同内容・類似・抽象と具体・対比など)
> ② 主張・評価の〈方向性〉(同方向か、対立的か、など)
> ③ 論理的関係性(資料が文章の〈論拠〉になっているのではないか、それぞれの資料の主張・結論がどのような〈論拠〉に支えられているか、など)
> などに注意して内容を把握する。

ここでの **【資料】** は、ある大学の「健康栄養学部の学生たち」が「**宗教上の理由**から豚肉やアルコールを口にできないイスラム教徒」のためのレシピを工夫した、という内容の新聞記事である。問5などで見た **【文章】** の

〈論旨〉との〈関連性〉を考えてみると、〈**宗教上の教え**〉は、「**人が作り上げた**」「**ルール**」であり、部外者にとっては〈非イスラム教徒からすれば〈豚肉を口にできない〉というのは〉「全く**主観的**で**恣意的**なもの」と見えるもの（a）⑱でありながら、その宗教を信じる人たちの間では「**ルール**」として（b）「共有」される「**社会的実践**」（c）であり⑳、その人たちにとっては「恣意性を持たず、逆に自らを支配する**絶対的な存在**として（b）、あたかも物理的実体ででもあるかのように、**客観性を持った様相で立ち現れてくる**」（d）⑲というふうに、【**文章**】と【**資料**】は〈話題〉においては異なるが〈論点における類似性〉をもつ、というふうに把握できるだろう。その上で、生徒A〜Dの「議論」を見ていこう。

生徒Aは、イスラム教徒の人たちが〈宗教上の理由で豚肉が食べられない〉ことを〈「**胃や腸の仕組み**が日本人と違うわけじゃない」＝**身体**の機能の上では**食べられるはず**〉といっている。〈**身体的**な理由によるものではないもの＝**心理的**な理由によるもの〉だと考えれば、先のa「主観的で恣意的なもの」に該当することがつかめるだろう。生徒Aの発言が「P的な思いこみ」とあることからも、〈主観的な思いこみ〉〈恣意的な思いこみ〉のいずれかであろうと見当がつく。さてどちらがよいか。——続く生徒Bの発言中には「単なる個人のPとは違うでしょう。文化として共有されたPというか……」とある。ここに「文化として**共有された**恣意（＝その時々の**気ままな考え・偶然的な考え**）」と入れるのは苦しい。一方「文化として共有された主観」ならば、〈その文化に属する人びとには共有されているが、他の文化には通用しない独特の見方〉という趣旨として成立する。空欄**P**に入るのは「主観」で、選択肢は①③⑤に絞られる。

次に空欄**Q**。生徒Cの発言中の「文化上のP（主観）は、**その文化の中にいる人にとってはむしろ**Q的なもの」は、【**文章**】の〈論旨〉でいえば、先の〈その宗教を信じる人たちの間では「共有」される「**社会的実践**」であり（c）⑳、その人たちにとっては「恣意性を持たず、逆に自らを支配する**絶対的な存在**として（b）、……**客観性を持った様相で立ち現れてくる**（d）」〉に該当すると見当がつくだろう。先に絞られた①③⑤のうち、⑤のＱ「客観」が右のｄに沿っている。また、空欄Ｑは直前の〈比較・選択〉の「むしろ」によって空欄Ｐの「主観」と対比のセットになっていること、および空欄Ｑ直後に「本人たちの間では**みんなに共通する見方**なんだから」と続くことからも、「客観」が最適である。①のＱ「機能」は「みんなに共通する見方」に続くものとしては適切でなく、宗教上の教えの話であることにもふさわしくない。一方、③のＱ「一般」は、右に見たように「客観」に比べて最適とはいえないが、Ｑに入れても極端におかしいわけではない、というくらいのところだろう。ここで、⑤が最有力候補、③も悪くはない、ということになる。

空欄Ｒは、生徒Ｄの発言中に「宗教的な教えは、それを信じている人たちにとっては R 的だと感じられる」とあるので、これもやはり先のｂｃｄに該当する。先に絞られた③⑤のうち、⑤のＲ「絶対」は先のｂに沿い、逆に③のＲ「恣意」は先のｂに反する。ここで、正解は⑤だと確定する。

なお、Ｐで②④⑥を排除しきれなかった場合も、②はＲが「恣意」なので③同様に、④はＱが「機能」なので①同様に、それぞれ誤り。⑥はＰの不適切さに加え、Ｒも「犬や猫を食用に……私たちは、それはちょっと（嫌だな）、って思う」をうけて「まして……」と強めるところなのだから、⑥「客観」でなく⑤「絶対」が適切だ、ということになる。

【資料】の〈話題〉は、単なる試験問題というよりも、社会の現実の状況（オリンピック・万博、外国人の受け入れ）に関わる課題だといえる。

「大学入学共通テスト」の大きな特徴は、現代文の試験において、この種の、現実の問題に関わる〈実用国語〉の分野が出題されることにもある。日頃から、先に見た〈異なる話題の間での論点における共通性・類似性〉という観点をもって、現代文の学習で得た知見を現実の問題に適用してみる思考を習慣づけるとよいだろう。

第3問　山下玲子「集団のなかの私たち」

解答

設問	配点	解答番号	正解	自己採点欄
1	各2点	1	⑤	
		2	⑤	
		3	①	
		4	③	
		5	③	
2	7点	6	⑤	
3	7点	7	①	
4	8点	8	④	
5	8点	9	③	
6	各5点	10 11	③⑥*	
合計				／50点

＊順序を問わない。

出典

【文章】は、矢田部圭介・山下玲子編著『アイデンティティと社会意識――私のなかの社会／社会のなかの私』（二〇一二年北樹出版刊）の「第5章　集団のなかの私たち」（山下玲子執筆）の一節。出題に際しやむをえない事情により省略・改変を施した箇所がある。

山下玲子（やました　れいこ）は社会学者。一橋大学社会学部卒、同大学院社会学研究科博士後期課程単位取得満期退学。武蔵大学教授を経て、現在、東京経済大学コミュニケーション学部教授。専攻はメディア論、社会心理学。著書に『文化としての暴力』『マスコミュニケーションの新時代』（いずれも共著）など。

問6の「番組表」は、出題者が作成したものである。

問題文

【文章】は、図表を含む〈混成型テクスト〉の〈論理的文章〉で、〈連続型テクスト〉である。本文の展開に沿って解説していこう（各形式段落を1～12で示す）。

1～3は、小見出しにあるように「**ステレオタイプの中身はどのように決まるのか**」についての論。1で、全体の〈話題〉である「ステレオタイプ」について、「『黒人＝スポーツ万能』『女性＝依存的』『銀行員＝まじめ』」といった「特定の**社会的カテゴリー**（＝範疇《はんちゅう》・分類や認識のもとになる基本的な枠組み）**に付与される固定化されたイメージ**のこと」だと定義がなされ、「たいていの場合……その集団の**過度に単純化・画一化したイメージ**であるため、必ずしも事実を正確に反映していないものであり、「**差別や偏見**」に関わるものだと説明される。

1末「ステレオタイプの内容は、どのように決まっているのだろうか」という問題提起をうけて、2でそれは**集団間の「関係」**によるとし、「自分たちより地位が高い集団は能力が高く(**X**)、低い集団は能力が低い(**x**)」「自分たちの集団と協力関係にある集団はあたたかく(**Y**)、競争関係にある集団は冷たい(**y**)」と見なすという形で、自分たち以外の集団(に属する人)へのステレオタイプ(1「単純化・画一化したイメージ」)が形成されると述べる。右の**X**・**x**と**Y**・**y**からなる4つの組み合わせを示したのが表1である。3では、「集団間の関係」が「**変化**」するとステレオタイプも「異なる」ものになる(同じ集団に対して別の「イメージ」をもつようになる)ことが述べられる。以上をまとめた3末「ステレオタイプは、そのカテゴリーにもともと備わっている特徴を反映しているというよりは、**集団同士の相対的な関係性から生じる**」が(1末の問題提起に答える)この部分での中心的な主張である。

4~8は、「**両面価値的ステレオタイプ**」(小見出し)についての論。2・3の内容を4で「上記のモデルでは」とうけ、そこに「両面価値的ステレオタイプ」という「重要な論点が示されている」とする。5~7(および表2)では、先の**X**・**x**と**Y**・**y**を「有能(**X**)」「無能(**x**)」「あたたかい(**Y**)」「冷たい(**y**)」に置き換えた上で、

・その組み合わせで「賞賛」(**XY**)「軽蔑的偏見」(**xy**)「温情主義的偏見」(**xY**)「羨望的偏見」(**Xy**)の4種のステレオタイプが生じること(5)

・そのうち〈肯定×肯定(**XY**)〉〈否定×否定(**xy**)〉のものは「伝統的ステレオタイプ」と呼ばれること(6)

・それ以外に、〈**否定**〉〈**肯定**〉の「**両方を合わせもつ**」「**両面価値的ステレオタイプ**」(**xY**・**Xy**)が存在すること(7)

が指摘される。「両面価値」とは例えば〈高齢者・障害者・専業主婦などは、能力は低いが人柄はあたたかい人たちだ(**xY**)〉と勝手なイメージを付与したり、〈エリートやキャリアウーマン(専門職に就いている女性)は、能

力は高いが人柄は冷たいやつらだ（Ｘｙ）〉と決めつけたりするような「ステレオタイプ」である（[7]）。

[8]は、この「両面価値的ステレオタイプ」が現在「**偏見や差別の原因**」として大きな問題となっている、と指摘する。例えば、先のｘＹ・Ｘｙのような言い方は「現存する男女の格差や性役割分業を維持しようとする性差別へと実はつながっている」。その仕組みは以下のようなものである。――〈キャリアウーマンは冷たい（「女らしくない」）〉、専業主婦こそあたたかい〉という決めつけにより、〈専業主婦のようなあり方＝女らしさ〉という偏ったイメージが固定化され、女性たちに〈女が男と対等に働こうとすれば〝冷たい〟と思われる〉というイメージが植えつけられる。一方で、〈能力の高い人間は外で仕事をしている〉〈能力が低いから専業主婦なのだ〉という虚構を信じこませることで、〈専業主婦は仕事をしている夫よりも下位の存在だ〉という偏ったイメージが固定化される。「両面価値的ステレオタイプ」は、以上のような形で〈**現存する差別や偏見を正当化し固定化する**〉はたらきをしてしまうのである。

---

[9]～[12]は、小見出しにあるように「**現状維持を促すステレオタイプ**」についての論である。[8]末をうけて[9]初めで「ステレオタイプの内容が**現存する社会システムを維持し正当化する**機能をもつ」ことを確認した上で、それが「貧富の差」についてもはたらくことが述べられる。人は「この世界は**良い人が幸福になり、悪い人は不幸になる**」という「公正な世界の**信念**」をもつ（[10]）が、「**現実世界**」**ではその逆のことが頻繁に起こる**（[11]初め）。しかし人は、〈そうした現実を認めて〝世界は公正だ〟という信念を捨てる〉のではなく、むしろ〈〝世界は公正だ〟という（現実的でない）信念を守るために、**それを正当化するような別の幻想**を信じてしまう〉のだ。それが「裕福な（Ｘ）人は対人関係に恵まれず不幸せ（ｙ）」「貧しい（ｘ）けれど優しい家族や友人に囲まれ幸せ（Ｙ）」といった「**相補的ステレオタイプ**」（構造的には先の「両面価値的ステレオタイプ」と同じもの）である。これにより、〈悪い人は（裕福でも）不幸だ、良い人は（貧しくても）幸福だ〉と思いこむことで、貧しい人は自分の境遇を受け入れてしまう。それはつまり、**現状の「貧富の差」を肯**

定することであり、それを生み出しているかもしれない「**社会システムの歪み」の是正を求める心の動きを自ら放棄してしまうことなのである**（11）。12は以上の具体例を「このように**ステレオタイプ**は、私たちに『世界は公正である』という**幻想**を生み出し、**既存の社会システムを正当化し**、現実世界に存在する**差別や偏見を維持する**……私たちは世のなかに漠然とした不満を抱きつつも、**現状を変えることができない**という状態に陥ってしまう」とまとめている。

【**文章**】全体の〈論旨〉を要約すれば、以下のようになろう。

特定の社会的カテゴリーに対する固定化されたイメージとしてのステレオタイプは、そのカテゴリーのもつ特徴というよりは集団同士の相対的関係性から生じるものであり、一方的肯定・一方的否定の伝統的ステレオタイプ以上に、肯定と否定の両方を合わせもつ両面価値的ステレオタイプこそが、既存の社会制度や慣習を正当化することでその問題点を人々が意識しないようにしむけ、結果的に偏見や差別、不公正な社会システムを温存してしまう点で問題である。

問題のねらい

社会に関する〈論理的文章〉の内容や構成を的確に読み取る力を問うとともに、理解した内容を実際的な場面のテクストに即して〈応用的思考〉を展開し、考えを深めたり適切な判断を下したりする力を問う。

〈論理的文章〉（社会論）と、関連する実際的場面に関する資料を題材とする〈複合型テクスト〉である。

> ①〈図表〉を含む〈論理的文章〉を的確に読み取り、文章と〈図表〉を関連付けて **統合・解釈** する力
> ②実際的な場面に関わる問題について、〈論理的文章〉で述べられている〈見識・意見〉をもとに考えを深める **熟考・評価** の力
> ③与えられた条件に応じて適切に考え、判断する力

といった力が求められている。

設問

問1	問2	問3	問4	問5	問6
知識・技能	統合・解釈	統合・解釈	統合・解釈	統合・解釈 構成・表現	熟考・評価

問1 【漢字】に関する 知識・技能

(ア)は〈個々の違いを重視せず、全体を同じようにすること〉の意の「画一」。①沿革②互角③主客④輪郭(廓)⑤企画で、正解は⑤。「沿革」は〈移り変わり・(歴史的な)変遷〉の意。「主客」は〈①主人と客②主なものと副次的なもの③主体と客体〉の意。

(イ)は〈逆らうことなくおとなしい〉意の「従順」。①住②渋③重④縦⑤従で、正解は⑤。

(ウ)は〈しかたない・やむをえない〉意の〈余儀ない〉。①儀式②便宜③戯曲④犠牲⑤異議で、正解は①。「戯曲」は〈演劇の脚本〉のこと。

(エ)は〈しばしば行われる・何度もくりかえし起こる〉意の「頻繁」。①品格②清貧③頻度④主賓⑤海浜で、正解は③。「清貧」は〈富を求めない清らかな生活ゆえに貧しいこと〉。④「主賓」は〈客の中で最も主要な人〉。

(オ)は〈経済的に豊かで生活に余裕がある〉意の「裕福」。①猶予②座右③余裕④英雄⑤悠々(悠)で、正解は③。〈座右の銘〉は〈常に心にとめている戒めや励ましの言葉〉。

問2 傍線部の具体例を抽象化して趣旨を理解する 統合・解釈

問題文 の1〜3を参照。傍線部Aに至る論を追っていこう。まず2に「対象集団(ステレオタイプなイメージをもたれる側)と知覚者集団(イメージをもつ側)の**社会構造関係に応じて**ステレオタイプの内容が体系的に**規定される**」とある。具体的には「自分たちより地位が高い集団は能力が高く(X)、低い集団は能力が低い(x)……自分たちの集団と協力関係にある集団はあたたかく(Y)、競争関係にある集団は冷たい(y)と見なしやすい」

といったことである。さらに3「集団間の関係は……刻一刻と変化している。そのため、集団に対するステレオタイプも……状況の変化により異なる可能性をもっている」とあり、その例として「自分たちと親しい近隣の集団が急にその社会的経済的地位を上昇させてきたりすると（x→Xの「変化」があると）……その集団の人たちを『能力は低い（x）があたたかい（Y）人たち』として見なしていたのを『能力は高い（X）が冷たい（y）人たち』とみるようになったりする。それに伴い、これまでは『やさしい』『人情味ある』と見なされていた人たちに対し、『ずるい』『抜け目ない』といったイメージがあらたに付与されたりする」と述べたのが傍線部Aである。これを「このように」とうけて、直後では「ステレオタイプは、そのカテゴリーに**もともと備わっている特徴を反映している**というよりは、集団同士の相対的な**関係性から生じる**」とも述べられている。以上をまとめれば、本文の〈論旨〉は左のようになる。

　ステレオタイプは、対象集団がもつ事実としての特徴というよりは、対象集団との関係性において**見る側が相手をどのように〈見なしているか〉による**ものなので、**関係性が変われば**（傍線部Aのように）**イメージ（見なし方）**も変わる

これに該当する⑤「見る人のとらえ方によって評価のあり方は変わってくる」が正解。傍線部Aは〈「やさしい」「人情味ある」→「ずるい」「抜け目ない」〉という変化だから、同じ行為（例えば〈他人に親切にする〉）についての〈プラス評価（相手への思いやりだ）→マイナス評価（相手に好かれようとする計算からのものだ）〉という変化だと解せるので、⑤「かりに同じようなふるまいであっても」も妥当だと判断できる。

①は「……のに……集団への見方は……固定化したものになりがち」が〈見方の変化〉を述べた傍線部Aと逆。②は〈事実として多面性（複数の特徴）があり、そのうちのどれを見るか〉という話、③④は〈事実として（対象集団の）ふるまい方が変わった〉話になってしまっており、いずれも先に見た〈事実というよりは見る側の〝見なし方〟の変化だ〉という本文の〈論旨〉とは逆方向である。

正解⑤は〈傍線部の具体例を抽象化したもの〉で、本文の内容を直接そのままの形では本文に出て来ない表現に言い換えてある。「大学入学共通テスト」ではこの種の設問が少なくない。これに対応するには、先に見たように、

【選択肢の表現を見て⬇本文に出て来るかどうかチェックする】という手順でなく、【まず本文の〈論旨〉を的確につかみ、設問要求に沿って〝答えはどうなるか〟のおおよその見当をつけて⬇選択肢から（表現は本文そのままではなくとも）その内容に当たるものを選ぶ】という手順で考えることが大切である。

問3　本文の〈論旨〉と関連させつつ表のはたらきを理解する 統合・解釈

問題文の1～3および4～8を参照。表の内容が本文のどの部分の〈論旨〉に対応しているかをつかみ、両者の関連をとらえよう。――表1は「ステレオタイプと感情」についてのものだとタイトルにある。内容を見ると、「相互依存関係」が〈協力／競争〉のどちらであるか、および「相対的地位」が〈高／低〉のどちらであるか、を軸にして、4種の「ステレオタイプと感情」を分類したものである。本文でこれと対応するのは、2の「集団間の関係を社会経済的地位の高低と相互依存関係……の二次元でとらえ……4つに類型化……特定の感情や行動を示しやすい」。そしてこれは「対象集団と知覚者集団の社会構造関係に応じてステレオタイプの内容が体系的に規定される」（2初め）「ステレオタイプは、そのカテゴリーにもともと備わっている特徴を反映しているというよりは、集団同士の相対的な関係性から生じる」（3末）ことを述べたものだとある（a）。

表2は、「偏見と対象集団の例」を述べたものだとタイトルにある。内容を見ると、「人柄」が〈あたたかい／冷たい〉のどちらであるか、「能力」が〈有能／無能〉のどちらであるか、を軸にして、4種の「偏見と対象集団の例」を述べている。本文でこれと対応するのは、5「個人や集団を評価する際に基本的といわれる二次元（人

柄次元と能力次元）……4種類のステレオタイプ……が導き出される」である（b）。

以上ab に合致する①「ステレオタイプの四つの型……表1がそれを対象集団との関係性（a）を軸に示したもの……表2は対象集団に対する評価基準（b）を軸に示したもの」が正解である。

②は「表1も表2も……どのような関係性から生じるかについて説明したもの」がbに反する。そして「表2はステレオタイプ的な見方に陥りやすい集団の具体的事例を示している」が決定的な誤り。これでは表2の「障害者」「ホームレス」などが〈ステレオタイプ的な見方をする側〉であることになってしまう。タイトルに「対象集団」とあるように、表2の例は〈ステレオタイプ的見方をされやすい側〉である。

③は「表1は……両面価値的ステレオタイプ……表2は……伝統的ステレオタイプ」という分け方が誤り。［7］にあるように、表2の「温情主義的偏見」「羨望的偏見」は「両面価値的ステレオタイプ」である。また、［6］初めの定義からすれば、表1の「あたたかい・有能……」（肯定のみ）「冷たい・無能……」（否定のみ）は「伝統的ステレオタイプ」である。つまり、表1・表2ともに「両面価値的」「伝統的」両方を含んでいる。――［4］の「上記のモデルでは……両面価値的ステレオタイプ」、［5］末「（表2）」の直後の［6］初めのみを見て早とちりするのでなく、「伝統的」「両面価値的」それぞれについて本文の〈論旨〉をきちんと把握してから解答しているかどうかが問われた選択肢である。

④はまず「表1は……という考え方を示し、表2は……という考え方を示している」と、表1と表2が別々の考え方（ステレオタイプの生じ方に関する二つの説）を述べたものとしている点が誤り。［4］・［5］からわかるように、表1と表2は〈同じ考え方を二つの形で示した〉ものである。さらに④は「ステレオタイプが対象集団自体の特徴から生じる」が本文の〈論旨〉（［3］末）に反する。［6］にも「『あたたかく有能』と判断される」「『冷たくて無能』と判断される」とあるように、表2の軸も〈対象集団を見る側の評価〉であって、〈対象集団自体の特徴〉ではない。表だけを見て勝手に判断することなく、表と本文の〈論

旨〉とを重ねて理解しているかどうかが問われた選択肢である。

⑤も「**表1**が……否定的ステレオタイプ……**表2**は……両面価値的ステレオタイプ」と分かれているように書いているのが、③で見た通り誤り。また⑤「**表1**が……差別や偏見を生み出す……のに対し、**表2**は差別や偏見を理解する」という分け方も誤りである。表1・表2ともに〈差別や偏見の生み出され方を理解するために必要な論点〉を説明するためのものであって、⑤のように分かれているのではない（8にあるように「両面価値的ステレオタイプ」も「偏見や差別」を生み出すもの（「原因」）である）。したがって、4初め「もう一つ、ステレオタイプと差別や偏見を理解するための重要な論点が……」は、〈差別や偏見を理解するための重要な論点が、前で述べられていることに加えてもう一つある〉という意味であって、⑤がいうように〈否定的ステレオタイプは差別や偏見を生み出し、両面価値的ステレオタイプはそれらを理解する〉という趣旨ではない。⑤も〈選択肢を見て、3末「……から生じる」4初め「……を理解する」と〈照合〉する〉という手順でなく、〈先に1～8の〈論旨〉をきちんとつかみ、その上で設問を考える〉という手順を踏んだかどうかが問われた選択肢である。

問4　本文の複数の段落にまたがる記述を総合して、傍線部に関する筆者の考えを理解する　統合・解釈

問題文の9～12を参照。傍線部B「公正な世界の信念」とは、直後の「この世界は良い人が幸福になり、悪い人は不幸になる」というもの。「しかし、現実世界では」その逆のことが「頻繁に起こ」り（11初め）（**a**）、「私たちは世のなかに漠然とした不満を抱」く（12）（**b**）。だが人は「裕福な人は対人関係に恵まれず不幸せ」「貧しいけれど優しい家族や友人に囲まれ幸せ」といった「相補的ステレオタイプ」（＝8「一つの次元で肯定的……もう一つの次元で否定的……」の「両面価値的ステレオタイプ」）を信じることで「公正な世界の信念を維持しようと」する（11）（**c**）。〝世界は公正だ〟という信念と食い違う現実を受け入れる（それが幻想であることを認め

る）ことに耐えられず、それを正当化するような別の幻想を信じてしまうのである。その結果（不公正な社会を変えよう、という心の動きをもたなくなるので）「現状を変えることができ」ず⑫、「現存する社会システムを維持し正当化する」⑨「既存の社会システムを正当化し、現実世界に存在する差別や偏見を維持する」⑫ことになってしまう（ｄ）のだ。以上に合致する④が正解である。

現代の人びとは、必ずしも公正ではない現実世界（ａ）に対し漠然たる不満を抱き（ｂ）ながらも、「公正な世界の信念」に基づく両面価値的ステレオタイプの幻想によってそれを補正し（ｃ）、結果的に現状を維持し正当化することに加担してしまう（ｄ）。

「ステレオタイプ」は「事実を正確に反映していない」「イメージ」①であるから、「両面価値的ステレオタイプ」ももちろん④「幻想」である。

①は「ステレオタイプが生み出す社会システムの歪み」が本文で述べられていないこと。本文には、「社会システムの歪みが」「貧富の差」に「大きく影響している」

⑪）とはあるが、①のように〈ステレオタイプが社会システムの歪みを生み出す〉と述べられてはいない。また、⑨や⑫からわかるように〈ステレオタイプは現存する社会システムを正当化し維持する〉という主張の例として「公正な世界の信念」が挙げられているのだから、この点（先のｃｄ）が述べられていない①は、「公正な世界の信念」に関する本文の〈論旨〉の中心点をおさえたものとはいえず、この設問の答えとして「最も適当」とはいえない。

②「かつて人びとは『公正な世界の信念』をもち……できていたが……」では〈現在は人びとが「公正な世界の信念」をもっていない〉と述べていることになり、本文の〈論旨〉とは異なる。また「現在では……否定的ステレオタイプが数多く生み出されるに至った」もおかしい。「現在」問題になっているのはむしろ「両面価値的ステレオタイプ」だ（先のｃ）というのが本文の〈論旨〉である。さらに、先のｃｄがない点も①同様に不適切。

③は前半はよいが、「『公正な世界の信念』に基づく両面価値的なものの見方によってそれ（男女差別や貧富

の差などの維持・正当化）を修正し改善していく必要がある」が先のｃｄの逆。「両面価値的なものの見方」はむしろ、差別や貧富の差を維持・正当化しているものである。「両面価値」という文中の表現を（本文の〈論旨〉に即してきちんと理解せず）自分の勝手なイメージでとらえてしまうと、これを選んでしまいかねない。注意しよう。

⑤も「人は一般に『公正な世界の信念』をもっているといわれるが、実際には……ステレオタイプにより差別や偏見を維持してしまっており」と、「公正な世界の信念」と「ステレオタイプ」が逆方向のものであるように（「ステレオタイプ」のせいで「公正な世界の信念」をもつことができなくなっているかのように）述べているのが誤り。本文は「公正な世界の信念」自体が「（相補的）ステレオタイプ」を生む（先のｃ）という趣旨である。

問4の誤答は全般に、〈本文中の語句を用いつつ、それらを間違ったつなぎ方でつなぐことで、全体として本文の〈論旨〉とはまったく異なる内容になっている誤答〉である。こうした誤答に引っかからないために、

> 選択肢の語句を断片的に〈本文と照合〉するのでなく、本文の〈論旨〉を的確に理解し、選択肢の〈文〉としての内容を把握して、適否を判断することが大切である。

問5　本文の複数の段落にまたがる記述を総合して〈論旨〉を理解する 統合・解釈 と、その〈論旨〉の構成・展開および表現のしかたをとらえる 構成・表現

「大学入学共通テスト」の前身である「大学入試センター試験」でも頻出だった構成・展開の設問。

> 〈構成・展開〉の設問では、〈本文中の内容を抽象化した表現で作られた選択肢〉がしばしば出題される。〈選択肢のそれぞれの表現は、本文中では具体的に何に当たるか〉をとらえた上で、適否を判断していこう。

順に見ていこう。「**適当でないもの**」を答える設問であることに注意。①「第1段落第三文」の「主張」（「ステレオタイプは……その集団の本質的な何かを反映し

ている」)は、次文で「しかし」と逆接して「ステレオタイプは……必ずしも事実を正確に反映していない」と否定され、その後もこちらの趣旨を前提として論が続く。つまり「第1段落第三文」は①「筆者の立場とは異なる『主張』を紹介するもの」であり、右に見た通り①「続く第四文の『しかし』という逆接により筆者自身の立場へと転換する論の流れが示されている」も正しい。①は「適当」。

②「第1段落最終文」は「ステレオタイプの内容は、どのように決まっているのだろうか」という「問いかけ」「問題提起」であり、②「第3段落最終文」は「ステレオタイプは……相対的な関係性から生じる」だから、先の問いかけへの「答え」だといえる。②も「適当」。

③「第6段落第一文」の「賞賛と軽蔑的偏見は……伝統的ステレオタイプと**呼ばれている**」は、次文以降本文末に至る論の中で、筆者によって否定されてはいない〈賞賛と軽蔑的偏見は「伝統的ステレオタイプ」と呼ぶべきではない〉といった〈論旨〉はない)ものであり、筆者自身もこの〈**呼び方**〉を前提に論を進めている(8初めなど)から、筆者自身も採用している考え方だと判断できる。これを③「筆者以外の論者の見解を紹介した」ものとするのはおかしい。したがって、③「第7段落第一文以降でそれに対する反論を展開」もおかしい。7初めは〈ステレオタイプにはまず賞賛・軽蔑一方のみの伝統的ステレオタイプがある。しかし(それだけではなく)「両面価値的ステレオタイプ」もある〉と述べているのであり、また8初めは〈現在では、偏見や差別の原因としては、伝統的ステレオタイプよりも両面価値的ステレオタイプの方が問題である〉と述べているのであって、いずれも「第6段落第一文」の内容である〈伝統的ステレオタイプという〝**呼び方**〟〉自体を否定してはいない。③が「適当でないもの」つまり正解である。

④「第8段落最終文」は、同段落「肯定」「否定」の「両面」を「評価」するという、一般的には〈公平〉な態度とみられるものが、「性差別へと実はつながっている」と述べたもの。したがって、④「『実は』は、その文で述べられた内容が一般的な考えと相反するものであることについて、読者の注意を喚起」は「適当」。

⑤「第12段落第一文・第二文」の述べている内容は、問4で見た通り〈自分の信念が現実と食い違っているのを受け入れられず、「幻想」によってその信念を維持してしまう〉事態について述べたもの。「幻想」すなわち〈主観的に信じ込んでしまっているもの〉の話であるから、⑤「多くの人にとって対象化する（＝客観的にとらえる）ことの難しい問題である」は正しい（12後半にも「そのはたらきがあまりに巧妙なため」とある）。そして、⑤「私たち」は、たしかに「筆者も含めた」言い方である（筆者はこの問題を、他人事としてではなく、自分自身もともすれば「陥ってしまう」ものとみている、ということである）から、この点でも⑤は「適当」である。

問6　本文の〈論旨〉を他の〈事例〉に当てはめて、〈応用・発展的思考〉を展開する 熟考・評価

〈実用国語〉分野の資料を取り上げ、本文の〈論旨〉を適用して〈応用的思考〉を展開する設問である。解答上の注意点は、同様の出題であった第6問の問6(ii)に示したので、参照してほしい。ここでは特に「両面価値的ステレオタイプ」「温情主義的偏見」といった概念の意味内容を本文から的確に把握し、それらが選択肢に示された〈事例〉と重なるものであるか否かを判断する力が試されている。「番組表」は〈非連続型テクスト〉である。ざっと眺めておいて、細部については必要に応じて確認するという形で対応することになる。

選択肢を順に見ていこう。「**適当でないもの**」を答える設問であることに注意。①「内集団の成員に対する……ステレオタイプ」とは、「自分たちが所属する内集団」（に属する人）（6）（a）に対する「賞賛」（表2）（b）。また6初めに「賞賛……は……二次元（5「人柄次元と能力次元」）いずれにおいても肯定的（b）……なステレオタイプを含むもので、伝統的ステレオタイプ（c）と呼ばれている」とある。番組表はその内容からみて日本のテレビのものだと判断でき、「あゆみさん」という名およびその父の発言内容からみてこの父娘が日本人である蓋然性も高い。①の発言は、「日系」の学者（番組表の「5時50分からの番組」中の「ノーベル西井氏」）を父が「自分たちが所属する内集団」（日本人）に含まれる

ものとし(a)、「受賞」(能力)「謙虚」(人柄)というふうに「賞賛」している(b)内容だから、①「内集団の成員に対する(a)伝統的ステレオタイプ(c)に陥っている可能性がある」は妥当な説明だといえる。①は「適当」。

②の「温情主義的偏見」は、表2や7初めで「あたたかい(a)が無能(b)」とみなされた集団に向けられるもの、とされている。表1でいえば〈自分たちと「競争関係」にない(a)〉〈自分たちより「地位」が「低」い(b)〉とみなされる相手に対するものである。②「7時からの番組」は「南太平洋」(番組表)のある地域についてのもの。そこで②「『ここにはスマホも車もなく、テレビやエアコンさえない(いわゆる〈文明〉が〈遅れて〉いる=b)。その代わり、豊かな自然と、どこまでも明るい笑顔がある(a)』というナレーションがあった」というのだから、先の「温情主義的偏見」の定義に該当している。②も「適当」。

③「軽蔑的偏見」は表2や6初めから「二次元(人柄次元と能力次元)いずれにおいても……否定的なステレオタイプ」だとつかめる。しかし③の発言は「正真正銘の天才(能力次元において肯定的)だが、他人のことを考えず自分のペースで突っ走りがち(人柄次元において否定的)」というもの。これは「軽蔑的偏見」というよりは〈肯定・否定両方を合わせもつ〉「両面価値的ステレオタイプ」(のうち「羨望的偏見」に近いもの)とみるべきである。③は「適当でないもの」つまり正解。

④の発言は「日本チームの方が十倍練習している(=アフリカのチームは日本チームの十分の一しか練習していない=アフリカのチームに否定的)と思うが、アフリカのチームには身体能力で一発でやられてしまう(=身体能力においてはアフリカのチームが優れている=アフリカのチームに肯定的)」から、④「両面価値的ステレオタイプに当たる」といえる(表1でいえば「競争関係」にあり、「地位」が(自分たちより)「高」い相手に対するステレオタイプである)。④は「適当」。

⑤の発言は「9時30分からの番組」の「ITセレブ(の)華麗な生活」(番組表)(a)について「何でも金で買える(a)と思っている人には本当の幸せはわからない(b)……気の毒(b)」というもの。これは11の「裕福な人(a)

は対人関係に恵まれず不幸せ（b）」に近いものであり、それは[12]「既存の社会システムを正当化」するものだと述べられているので、⑤「こうした考え方は、実は既存の社会システムを正当化することにつながってしまう」も「適当」である。

⑥の「意見」は「日本女性の魅力は、最新の流行に敏感（肯定的）でありながら優しさやつつましさなど伝統的美徳も備えている（肯定的）ことだ」というもの。一方⑥「両面価値的ステレオタイプ」は[7]「肯定的……否定的……両方を合わせもつ」ものなのだから、⑥の「意見」を「こうした両面価値的ステレオタイプ」とうけるのは誤りである。⑥は「適当でないもの」つまり正解。

⑦「競争関係にあり自己より相対的地位が低いとみなす集団へのステレオタイプ」は、表1に関連するもの。⑦「中年のコメンテーター」は「最近の子ども」に批判的な発言をしているのだから、表1の「協力関係」ではない＝「競争関係」の方だといえる（表2の「生活保護受給者、ホームレス」と人々が〈競い合っている〉わけではない、ということからもわかる通り、本文での「競争関係」は必ずしも〈競い合う関係〉のことではない）。また、大人が子どもについて「ゲームばかり……」というのは（表1でいえば）「軽蔑」に当たるから、「相対的地位が低いとみなす」相手へのステレオタイプだといえる。⑦は「適当」。——「競争関係」という言葉を本文に即して把握しなければ、〈大人と子どもは別に競争していない〉などと考えて誤った判断をしてしまったかもしれない。

> 選択肢の言葉だけを見て自分の先入観で勝手に解釈することなく、本文の〈論旨〉や言葉の用法をきちんとおさえ、それに即して考えるようにしよう。

第４問　光原百合「ツバメたち」

解答

設問	配点	解答番号	正解	自己採点欄
1	各３点	1	⑤	
		2	④	
		3	⑤	
2	６点	4	③	
3	完答10点	5	②	
		6	③	
4	完答10点	7	②⑥	
5	各５点	8	④	
		9	②	
		10	⑤	
合計				／50点

※配点は本書筆者による。

出典

光原百合「ツバメたち」(二〇一五年文藝春秋刊『アンソロジー　捨てる』のち文春文庫所収)。

光原百合(みつはら　ゆり)は一九六四年広島県生まれ。ファンタジー、ミステリー、童話など幅広く執筆。『星月夜の夢がたり』『最後の願い』『イオニアの風』などの著書がある。

問題文

【リード文(前書き)】

リード文は、出題者が受験者に示す情報やルールであり、読解の前提となることが書かれているので、しっかりと読んでおく必要がある。

> リード文(前書き)は常に読解の前提・ルールである。

ここでは「『捨てる』という題の作品集に収録されている」と書かれているため、問題文を読む際に「捨てる」ということに関わる内容は、注意して読んでいく必要がある。

また、「ツバメたち」というタイトルの小説の「全文」とあるため、タイトルについても、全文の内容やモティーフ(創作の動機)が示されている可能性が高いので、注意しておく必要がある(もし「全文」ではなく「一部」とある場合には、それほどヒントにはならないことも多いと考えてよい)。

出典が作品の全文である場合、リード文で示されたタイトルは、全文の内容やモティーフを示す。

また、今回の問題文は冒頭部の「オスカー・ワイルド作『幸福な王子』より」（7行目）と記された箇所を含んだ〈混成型テクスト〉（別の文章や図表などが埋め込まれたテクスト）であり、またその後に続く箇所は、24行目・35行目・55行目の空白行によって四つの部分に分けられている。このように、

テクスト全体の〈構成〉を最初に観察してから問題文の読解を始める

ことが大切である。

問題文

〈第一の部分〉（1～7行目）

問題文全体のタイトルであるという「ツバメたち」の中に埋め込まれた「幸福な王子」のあらすじの箇所である。

まず「一羽のツバメ」が「『幸福な王子』と呼ばれる像」と「仲良くなった」（1行目）ことが語られ、「王子」が「貧しい人々」に「自分の体から宝石や金箔を外して配るように頼む」（1・2行目）が、その「願いを果たすためにその町にとどまっていたツバメ」が「凍え死んでしまった」（3行目）と記される。次に「それを知った王子の心臓は張り裂け」（3・4行目）てしまい、「金箔をはがされて」しまった「王子の像」も「溶かされてしまう」が、「張り裂けた」「心臓だけはどうしても溶けなかった」（3～5行目）。そして「ツバメの死骸と王子の心臓」は、「ともに」「ゴミ捨て場に捨てられた」（5行目）ことが語られる。この部分で「捨てられた」とあることに注意が必要である。リード文に「『捨てる』という題の作品集に収録されている」と記述されていたからである。

この部分で「町」の「人々」（1・2行目）が「捨てる」対象は「ツバメの死骸と王子の心臓」であることをしっかりと意識しておいてほしい。

そしてこの箇所の最終部分では、「神に命じられた天使が……ツバメと王子の心臓を抱き、天国へと持ち帰っ

た」（6行目）とされているのだから、小タイトルの示すとおり全体は「幸福な王子」の物語であると言える。

〈第二の部分〉（9～23行目）

「若者」（9行目）と「あたし」（11行目）が登場するが、「南の国にわたる」（10行目）「翼の力をたくわえているあたしたちの群れ」（11行目）などとあるところから、この両者が本文のタイトルの「ツバメたち」（リード文）であると把握できる。

まずは「彼」（11行目）と呼ばれる「若者」の「風変わり」（9行目）なところが中心として語られる。「でも」（12行目）の前の部分では、「問題なく受け入れられた」（11行目）「彼に興味を示すものは何羽もいた」（11・12行目）と「彼」の良さが語られながら、「でも」の後の部分では、「いつも夢のようなことばかり語る」（12行目）「遠くを見るようなまなざしで語るばかりだった」（13行目）とあって「彼」の「風変わり」なところが記され、「みんなそのうち興味をなくしてしまった」（13・14行目）と続くのである。

特に「遠くを見る（ような）まなざし」（13・15行目）については、繰り返して記述されることで強調されながらも、「～など必要ない」（15行目）とされている。「彼」の「風変わり」さは、「あたし」の視点で「必要ない」ものと否定的に扱われたわけである。

そして「そんな彼」が「通っていたのが、丘の上に立つ像」＝「王子」の「像」（18・19行目）であったという。この内容については、**〈第一の部分〉**で語られていた内容であるから、この先の物語の展開を予測できるわけだが、この部分では別の「ツバメ」である「あたし」という一人称の視点から語られているところに大きな特徴がある。

〈第一の部分〉では「町の貧しい人々」（1・2行目）にとって価値のあった「宝石や金箔」（2行目）が、ここでは「あたし」というツバメの視点によって、「あたしたちには金も宝石も用はない」（20行目）とされている。同じ内容が「あたしたち」＝「ツバメたち」の視点によって語り直されることで、**〈第一の部分〉**とは別の意味をもつこととして、複眼的にとらえられているのである。

小説の語りは現実世界の言葉と同じように、語られた内容だけでなく、それが誰の「視点」で語られているのかということに注意しなければならない。

さらにここでは「ツバメ」＝「あたし」の視点で、「人間たちはこの像をひどく大切にして……列を作って歩くやら歌うやら踊るやら、仰々しく騒いでいた」（21・22行目）と冷ややかに語られている。すでに**〈第一の部分〉**で、人間たちによって「王子の像は溶かされてしまう」（4行目）ということを読んでいるわけだから、読者にとって「ツバメ」のこの視点は、結果的に「人間たち」の行為への皮肉として効いていることになる。結局、「人間たち」が「大切に」思っていたのは「王子」その人でもなければ、「王子」の「像」そのものでもなく、「金」や「宝石」に過ぎなかったということになる。

それに対して「ツバメ」の「彼」だけは、「王子」その人と「あれこれとおしゃべりするのが好きなようだった」（23行目）のである。「彼」はツバメとして「風変わり」であり「必要ない」「まなざし」をもっているけれど、「人間たち」よりも「王子」その人を見つめる「まなざし」を持っていると、「あたし」は「彼」の魅力を語ったことになる。

また一方、「彼」の視点からみれば、他の「ツバメたち」が「彼」に対して「みんなそのうち興味をなくしてしまった」その原因である「彼がいつも」「語る」「夢のようなこと」である「今まで見てきた北の土地について、これから飛んでいく南の国について」（12・13行目）の話などを、「あれこれとおしゃべりするのが好き」だったのは、唯一この「王子」だけだったわけである。「彼」が「王子」に受け入れられて救われるような気持ちを抱いたであろうと推理できる。

〈第三の部分〉（25～34行目）

「彼」が「王子」と話す様子に興味をもった「あたし」は、「何を、あんなに楽しそうに話しているの？」（25行目）と「彼にそう聞いてみた」（26行目）のである。

それに対して「彼」は、「よその土地」（28行目）という「遠くを見るまなざし」（15行目）でとらえた話題であると返答し、さらに「あの方」（27行目）＝「王子」が「遠い場所の話を聞けるのが、とても嬉しいと言ってくださってる」（29行目）と話す。しかしそうした話は「あたしたちには」（31行目）＝「ツバメたち」には「興味のない遠い土地の話」（31行目）なので、「あたし」は「そりゃよかったわね」（30行目）と言って皮肉な態度を見せ、生きる上で「必要ない」（15行目）ことに関わる内容を「誇らしげに話す彼の様子」を見て「腹立たしく」（31・32行目）なったと語っている。

さらに「彼」は「王子と話すだけでなく」「町のあちこちに飛んでいく姿をよく見かけるようになった」（33・34行目）と、「あたし」は語る。

ここでは、「彼」が何をしているのかという内容以上に、「腹立たしく」なったにもかかわらず、それでも「あたし」が「彼」の行動を目で追っていることに注目することが大切である。つまり「あたし」の「彼」への興味は維持されているのである。「あたしには不思議でならなかった」（34行目）と続くが、「不思議」と思うのは「彼」に興味をもっていることの証《あかし》である。

〈第四の部分〉（36〜54行目）

「風は日増しに冷たくなっていた」（36行目）と始まる。このことは、直前の**〈第三の部分〉**の終わりに「南への旅立ちも近い」（34行目）とあったのだから、「ツバメたち」が「旅立ち」をしなければならない日が迫っていることを示している。このまま「旅立ち」をしなければ死を迎えるしかないのだ。当然「彼」もまた、ここを「旅立ち」、「王子」と別れるかどうかの選択を迫られていることになるが、「彼は、自分は行かない、と答えたらしい」（36・37行目）とある。「彼」は「王子」の元に留まるという選択をしたのだ。

「仲間たちは皆、彼のことは放っておけと言ったが、あたしは気になった」（38行目）とあり、「あたし」が「彼」のことを強く気にかけていると読むことができる。

「いよいよ明日は渡りに発つという日」（38行目）となる。もし「明日」、一緒に「渡り」に発たなければ、「彼」はここで死ぬこととなる。「厳しい渡りの旅をともにする仲間は多いに越したことはない」（16行目）とあったことからもわかるように、とても一羽だけで「渡り」を行うことはできない。「渡り」はそれほど危険なものなのだ。

「あたし」は「仲間たち」の助言にもかかわらず、「彼のこと」を「放って」おくことができず、「彼をつかまえ、逃げられないよう足を踏んづけておいてから聞いた」(39行目)とある。「あたし」の「彼」への執着がとても強いものであると理解できる。

「ここで何をしているのか、なにをするつもりなのか」(39行目)と問うているが、その答えをわれわれ読者の側はすでに**〈第一の部分〉**から推理できるという構造になっていた。そして「彼」の答えが読み手に容易に予測できるからこそ、読み手の関心は、そのように問いかける「あたし」の内面へと向かう。もちろんそこに「あたし」の「彼」への愛情を読み取ることができるだろう。

このように、

〈複数テクスト〉の問題では、二つのテクストを**統合・解釈**することが重要となる。

〈第一の部分〉に「王子は町の貧しい人々の暮らしぶりをツバメから聞いて心を痛め、自分の体から宝石や金箔を外して配るように頼む」(1・2行目)とあったが、**〈第四の部分〉**でも「あの方を飾っている宝石を外して、それから体に貼ってある金箔をはがして、貧しい人たちに持って行っているんだ。あの方に頼まれたからだ」(41・42行目)とほぼ同内容のことが語られている。

ただし、両者には大きな違いもある。**〈第一の部分〉**は三人称の語りによって客観的に書かれているのに対して、**〈第四の部分〉**は一人称の語りによって記述され、ここでは「彼」が「あたし」の質問に答えるという形式で述べられているという違いである。

二つのテクストを見比べて、〈類似点〉(同値の内容・性質)と〈相違点〉(対立の内容・性質)の両方を把握することが大切である。

〈第四の部分〉には、「彼」が「あたし」の質問に答えるときの様子が描かれている。「彼はあたしの方は見ずに、丘の上の王子の像を遠く眺めながら答えた」(40行目)とある。先ほど説明したように、「あたし」が「仲間たち」の助言にもかかわらず、「彼のこと」を「放って」

おくことができず、「彼をつかまえ、逃げられないよう足を踏んづけておいてから聞いた」にもかかわらず、「彼はあたしの方は見ずに、丘の上の王子の像を遠く眺めながら答えた」とある。「彼」は「あたし」の思いに答えず、「王子」に心を奪われている。「あたし」の「彼」への一方的な愛情は、「彼」の「王子」への愛情によって、拒絶されてしまうのだ。

「あたしにはよくわからなかった」（46行目）。だから「どうしてあなたが、それをするの？」（47行目）と「あたし」は問う。「誰かがしなければならないから」（48行目）と答える「彼」に対して、「あたし」は再度、「どうしてあなたが、その『誰か』なの？　なぜあなたがしなければならないの？」（49行目）と問う。「あたし」は「彼」の〈固有性〉にこだわっているのだ。愛情とは相手の〈固有性〉を前提として成立している。その「あたし」にとって、「誰かが」という〈一般性〉では、答えになっていないのである。

しかし「彼」は「あたし」が「重ねて聞いた」にもかかわらず、「馬鹿にしたような目で」（51行目）、「君なんかには」（52行目）と「あたし」を軽蔑したような態度を取っている。「僕らのやっていることの尊さはわからないさ」（52行目）と続くが、ここでも〈**第一の部分**〉と見比べて理解しておくことが大切である。

〈**第一の部分**〉では、「天使が……ツバメと王子の心臓を抱き、天国へと持ち帰ったのだった」（6行目）とあった。したがって、「神」「天使」「天国」が関わっていることによって、「僕らのやっていることの尊さ」が客観的に認められていることになるが、〈**第四の部分**〉では、「彼」が自分で「僕ら」の「尊さ」を主観的に主張しているにすぎない。

「僕らのやっていることの尊さ」という表現には、ある種の滑稽ささえ伴っている。したがって、「彼」はただ自分たちの行為に酔っているだけだとも言えるのである。

このことから「彼」が「馬鹿にしたような目」をして、「君なんかには」と「あたし」を軽蔑したような態度を取っていることの理由も推論できるだろう。「わからないさ」と「あたし」をはねつけることによって、これ以上「あたし」に関わられることを避けようとしているのである。
一方「あたし」は、「馬鹿にしたような目」で「君なんかには、僕らのやっていることの尊さはわからないさ」という「彼」の言葉を聞いて、自分を「馬鹿にした」「彼」に「腹が立った」ので、「『勝手にすれば』と言って、足をのけた」(53行目)のだった。
「あたしはそれ(=「彼」が「はばたいて丘の上(=「王子」のいるところ)へと飛んで行った」こと)をただ見送った」(53・54行目)と続く。とりあえずここでは、「あたし」は「彼」を、もはや自分が深く関わることのできない相手だと見限ったように読める。

〈第五の部分〉(56〜70行目)

冒頭には「長い長い渡りの旅」(56行目)という危険なもの(**〈第四の部分〉**の38行目の説明)を「終え、あたしたちは南の海辺の町に着いた」(56行目)とある。ひとりでは簡単にできるような「渡りの旅」ではない。**〈第四の部分〉**の冒頭では「風は日増しに冷たくなっていた」(36行目)とあったが、これはこのまま「旅立ち」(34行目)をしなければ死を迎えるしかない、ということを意味していた。そして今やっと暖かな「南の海辺の町」に「着いた」のだ。「あたしたち」は安全な地に到達できたわけである。ところが「あたし」は「数日の間、海を見下ろす木の枝にとまって、沖のほうを眺めていた。彼が遅れて飛んで来はしないかと思ったのだ」(56・57行目)と続く。

〈第四の部分〉の末尾で「彼」を自分が深く関わることのできない相手として見限ったようだった「あたし」は、「渡りの旅を終え」た今になって、「沖のほうを眺め」るという「彼」と同じような「遠くを見るまなざし」(15行目)を浮かべている。そして「彼が飛んで来はしないかと思ったのだ」と「彼」が来るのを待ちわびたことを告白している。「彼」と「王子」の間に立ち入る余地がなくてもなお、「あたし」は「彼」を見限ることはできなかったのである。

しかし、「彼が現れることはなく、やがて嵐がやって来て、数日の間海を閉ざした」(57・58行目)。「あたし」の心もまた、今は「嵐」のように激しく動揺している。

「彼」を「あたし」から決定的に隔てる「嵐」は、当然「あたし」の心の中でも吹き荒れているのだ。

小説とは、〈場面〉と〈内面〉の動きが一体化された虚構の世界である。たとえば〈空が晴れる〉という〈場面〉が現れたら、〈心が晴れる〉という〈内面〉が現れる可能性を考えるようにしよう。

「北の町はもう、あたしたちには生きていけない寒さになったはずだ」（59行目）と、経験ある「年かさのツバメたちが話していた」ことが引用され、「彼もきっと、もう死んでしまっているだろう」（59～61行目）という「あたし」の思いが述べられる。

この思いを述べる一文は改行されて一行一文のみの独立の形式段落を形成している。したがって、重要な一行一文として受け止めるべきである。作者はこの内容を読者がゆっくりと一つひとつ読解することを期待しているのである。「きっと」の直後に「読点（「、」）」があるのも、同様に「もう死んでしまっているだろう」の部分を（一度間を置くことで）強調する効果を上げている。このように、

特に小説では、表現の〈形式〉に注目して、〈内容〉を理解することが求められる。

もちろんこの部分には、直接的に語られることのない、死んだであろう「彼」を思う「あたし」の切ない気持ちが表出している。

一人称の語りにおいては、〈表現〉された内容とは別に、直接に表現されてはいない語り手の気持ちが、表現形式を通して〈表出〉していることがあるので、注意が必要である。

「あたし」は心の中で、「もう死んでしまっているだろう」「彼」が、なぜ死ぬことになったのかということについて自問自答を始める。自問自答を通して、「あたし」の考えてきたことが明らかにされるのだ。

かつて「敏捷な身のこなし」（10行目）をしており、元気な「実に見た目のいい若者だった」（10行目）「彼」の「死」に納得がいかないからである。そこにはもちろん、

死なないでほしかったという「彼」への愛情（**〈第四の部分〉**の説明）が表出しているのである。

「彼はなぜ、あの町に残ったのだろうか」（62行目）と自分に問いかけ、それに対して「本当のところは、大好きな王子の喜ぶ顔を見たかっただけではないか」（63行目）と「あたし」は心の中で答える。つまり「貧しい人たちを救うため」（62行目）という「尊さ」（52行目）による行為ではなく、「大好きな王子の喜ぶ顔を見たかっただけ」、〈自分はこの人のお役に立てているんだ〉という「彼」の「王子」への一方的な愛情が原因であったと語っているのだ。

もちろん「あたしなどには……わからないのだ」（62・63行目）の部分は、**〈第四の部分〉**の別れの場面で「彼」に言われた「君なんかには……わからないさ」（52行目）という言葉を受けてのものである。「死んでしまっているだろう」「彼」が「あたし」に告げた最後の言葉でもある。「彼」のことを思い続ける「あたし」の中に響き続けている言葉であることは間違いない。「彼」は「王子」＝「身分の高いお方」（31行目）への一方的な感情（**〈第四の部分〉**の説明）を、「貧しい人たちを救うため」＝「僕らのやっていることの尊さ」（52行目）という一種の「宝石や金箔」（44行目）で飾っていたに過ぎないと「あたし」は語っているのだ。「あたしたちには金も宝石も用はない」（20行目）という表現が、ここでは「彼」の語った「尊さ」を否定するという別の意味をもって響いてくる。

「彼」の立場からすれば、「あたし」とは「彼」の心の「飾っている宝石を外して……金箔をはがして」（41行目）くる存在であり、だからこそ「彼」は**〈第四の部分〉**で、「馬鹿にしたような目で……あたしを見」て「君なんかには……わからないさ」と突き放すようなことを言ったのである。心を「飾っている」ものをはがされることには、だれにとっても痛みが伴う。「彼」はそれを避けようとしていたのだ。

一方、「あたし」の側からすれば、「あの方（＝王子）」の「宝石を外して……金箔をはが」すことを語った「僕」（41行目）の言葉の運動性によって、このような思いが「あたし」の中に誘発されたと言えるだろう。

しかし、ここにはまた、「あたし」の別の感情の表出もあると読める。「でも、本当のところは、大好きな王子の喜ぶ顔を見たかっただけではないか」と心の中の「彼」に語ることのなかに、「あたし」の隠れた心情が透けて見えている。すでに「沖のほうを眺め」ることで「彼」のような「遠くを見るまなざし」をもった「あたし」は、今ここで「必要ない」（15行目）自問自答をも続けることにより、「でも、本当のところは」自分があなた（＝「彼」）の「喜ぶ顔を見たかっただけ」なのだという「彼」への愛情を無意識のうちに反芻《すう》（＝くり返し考え、よく味わう）しているのである。

> 小説を読むときに大切なことの一つは、すべての登場人物が、わたしたち現実の存在と同じように、それぞれ世界の主人公として、別々の思いで生きていることを念頭に置いて考えるという〈複眼的思考〉をもつことである。

「あたし」は「彼」のことに続けて、今度は「王子」のことについても自問する。「そうして王子はなぜ、彼に使いを頼んだのだろう」（64行目）と。この問いに対しても、先ほどと同様に「貧しい人たちを救うため、自分ではそう思っていただろう。でも……。」（64行目）と、「王子」の「尊さ」に対して疑問を抱くが、「……」の直後には「まあいい。どうせあたしにはわからない」（65行目）という言葉が続く。

所詮は「あの町に残った」（62行目）「彼」と「王子」との間のことであり、かつて「君なんかには……わからないさ」という言葉を残して「彼ははばたいて丘の上（＝「王子」のいるところ）へと飛んで行った」（53行目）のであり、「あたしはそれをただ見送った」（53・54行目）のである。どうしても二人の間には自分の立ち入ることのできない面があることを事実として「あたし」は認めているのだ。

次には「どうでもいいことだ」（65行目）という、これまでの自問自答を自分で打ち切るような言葉が続く。そして「春になれば……彼のような遠くを見るまなざしなど持たず……子どもたちを一緒に育ててくれる若者と所帯を持つことだろう」（65〜67行目）と未来が語られる。明らかに「彼」のことを忘れ、未来へと気持ちを切り替えようという発言である。もちろん切り替えようという言葉を語る心には未練がある。「彼のような……など持たず」という表現には、どうしても「彼」のことを前提に考えてしまう「彼」への強い未練が表出している。

ここで登場する「遠くを見るまなざし」（66行目）という表現は、**〈第二の部分〉**にも登場していた。「遠くを見るようなまなざしで語るばかりだったから、みんなそのうち興味をなくしてしまった」（13・14行目）、また「子どもを育てる連れ合いには……遠くを見るまなざしなど必要ない」（14・15行目）とあった。

「遠くを見るまなざし」とは、まさに他の「ツバメたち」と「彼」を差別化する「彼」の有する固有性、「彼」らしさの中心にあるものだ。したがって「あたし」は「死んでしまっているだろう」「彼」のまさに「彼」らしさに執着する感情を、ここで再び「必要ない」ものとして切り捨てようとしているのだ。もちろん切り捨てようという思いが、逆にここでは執着あるいは愛情の存在を示していると言えるだろう。私たちは「必要」だから愛するわけではなく、「必要ない」ものであっても、相手のもつ固有性をこそ愛するからだ。

その後は「もしまた」（68行目）と続き、確かに「あたし」は未来へと気持ちを切り替えようともしているのだが、結局は「あの町に寄って『幸福な王子』の像を見たら、聞いてしまうかもしれない」（68行目）というように、未練を断ち切ることができていない。彼女は心の中の「王子」に向けて自分の思いを語り始める。

まずは「あなた（＝「王子」）はただ、自分がまとっていた重いものを、捨てたかっただけではありませんか」（69行目）と。この部分で「捨てたかった」とあることに注意が必要である。**〈第一の部分〉**に登場した「捨てられた」（5行目）のときと同様に）リード文に「『捨てる』という題の作品集に収録されている」と書かれていたからである。

次に「そして、命を捨てても自分の傍にいたいと思う者がただひとり、いてくれればいいと思ったのではありませんか」（69・70行目）と、この部分でも「捨てても」とあることに注意が必要である。つまり「あたし」は「あなた（＝「王子」）」が「貧しい人たちを救うため」ではなく、実は「自分がまとっていた重いもの」を捨てて解放されたいという自分の都合と、さらに「命を捨てても自分の傍にいたいと思う者がただひとり、いてくればいい」という自己満足ゆえに「彼に使いを頼んだのだろう」と心の中の「王子」に問うている。ここでも「あたし」は「彼」に問いかけたときと同じように、「王子」もまた自分の都合と自己満足を、「貧しい人たちを救うため」という一種の「宝石や金箔」（44行目）で飾っていたに過ぎないと語っているのだ。

もちろん「あたし」の心の中心にあるのは、「彼」＝「命を捨てても自分の傍にいたいと思う者」のことである。「王子」への非難が中心にあるのではない。「彼」は「王子」に利用された結果として、死んでしまったのではないか。もしそうでなかったら、自分と一緒に今ここにいられたのではないかという、切ない思いが表出されているのである。

リード文には、わざわざ『捨てる』という題の作品集に収録されている」と記述されていた。そして**〈第一の部分〉**にも、**〈第五の部分〉**にも、「捨てる」ものが登場する。しかし、その対象はまったく異なっていた。もう一度ここで、

〈複数テクスト〉では、二つのテクストを見比べて理解することが重要となり、二つのテクストを見比べて、〈類似点〉〈同値の内容・性質〉と〈相違点〉〈対立の内容・性質〉の両方を把握することが大切である

ということを、しっかりと頭に入れておいてほしい。

今回の〈混成型テクスト〉の場合、**〈第一の部分〉**は、「捨てる」対象＝「ツバメの死骸と王子の心臓」（5行目）であり、捨てられた結果として両者は「天使が……天国へと持ち帰った」のであるから、物語としてハッピー・エンドを迎えている。一方、**〈第五の部分〉**は、「捨てる」対象＝「自分（＝「王子」）がまとっていたもの」と「彼（ツバメ）」の「命」であるとされているが、しかしそれはすべて「彼」に対して一方的な愛情をもった「あたし」の思いに過ぎず、「あたし」の主観の中での決着に過ぎない。

〈第五の部分〉では、「もしまた渡りの前に町に寄って『幸福な王子』の像を見たら」と語られていたが、**〈第一の部分〉**では、「金箔をはがされてみすぼらしい姿になった王子の像は溶かされてしまう」（4行目）と書かれていた。「あたし」は「王子の像」もまた「溶かされてしまう」ということについて、まったく想像できていないのである。

このことを通して、**〈第二〜五の部分〉**の部分で語り手となっていた「あたし」にも、知り得ず理解しがたいものがあり、この部分の語りはあくまで個人的で主観的な「あたし」の視点によるものであるということが、**〈第一の部分〉**によって明らかにされているわけである。

まさに問題文となった小説全体が、〈混成型テクスト〉の形式を見事に生かしたものとなっていたと言えるだろう。

問題のねらい

この問題に関して、大学入試センターは以下のような「問題のねらい」を公表している。

文学作品（「幸福な王子」）を踏まえて創られた小説を題材としている。本文に即して登場人物の心情や言動の意味をとらえるなど、テクストを的確に読み取る力を問うとともに、文章に示された原作のあらすじと創作された内容との比較を通して、文学的な文章における構成や表現の工夫を読み取る力を問う。

ここで示されていることから、問われる力は、

① テクストを的確に読み取る力
② 〈文学的文章〉における**構成・表現**の工夫を読み取る力

ということになる。

また、「原作のあらすじと創作された内容との比較を通して」と明記されており、

③ 〈複数テクスト〉を〈比較〉して**統合・解釈**し、**熟考・評価**する力

が問われるということも確認できる。

設問

問1	問2	問3	問4	問5
知識・技能	探求・取り出し	統合・解釈	熟考・評価	熟考・評価 構成・表現

問1 **【漢字・語彙力】に関する** **知識・技能**

今回は問題文中の語彙について、文脈から意味をとらえ適切な漢字を選択する設問であった。しかし大学入試センターの公表した〈主に問いたい資質・能力〉という項目では、「言葉の特徴や使い方に関する知識・技能（語彙）」「テクストにおける語句の意味や比喩等の内容を適切にとらえることができる」力とも記されており、

> ① 文脈から意味を判断させ適切な【漢字】を問う
> ② 〈感情・日常表現〉および〈熟語・慣用表現〉などの【随筆・小説語句】の【語意】を問う

設問のいずれか、あるいは両方が出題されると考えられる。もちろん、実施される年ごとに第1問の問1などとのバランスが取られるだろう。第2問で【漢字】が問われると決まっているわけではないので【随筆・小説語句】についての学習も行っておこう。

(ア)は〈もったいぶっておおげさに〉の意の「仰々（仰しく）」。①業績（＝事業・研究などで成し遂げた実績）、②苦行（＝苦しい修行）、③凝縮（＝密度が高い）、④異形（＝普通とは異なった怪しい姿・形をしていること）、⑤仰天（＝（天を仰ぐほど）非常に驚くこと）。したがって正解は⑤。比較的易しかったと思われる。

(イ)は〈時期・時節がやって来ること〉の意の「到来」。①奮闘（＝力を奮《ふる》って敵と戦う）、②転倒（＝逆さになる・する）、③当意（＝その場にふさわしいように考えたり工夫したりすること）、④周到（＝よく行き届いて整っていること）、⑤不党（＝一方だけの仲間にならない・党派をつくらないこと）。したがって正解は④。これも比較的易しかった。

ただし、選択肢の語句がすべて【四字熟語】となって

いるため、人によっては難しかったかもしれない。【四字熟語】として記憶し、その意味もしっかりと把握しておこう。

①孤軍奮闘＝助ける者がいなくてひとり力を奮って敵と戦う。

②本末転倒＝重要なこと（根本）と重要でないこと（末節）を転倒させてしまうこと。

③当意即妙＝その場にふさわしいように即座に機転をきかす様子。

④用意周到＝用意がよく行き届いて整っていること、

⑤不偏不党＝どの党派・主義にも偏らず、自由・公正な立場をとること。

このような【四字熟語】、あるいは【慣用句】について漢字や意味が問われる可能性もあるので、しっかりと学習しておこう。【四字熟語】とは長い年月のうちに漢字文化圏の中で熟成されてできあがった呪文のような不思議な語彙であり、また【慣用句】とは二語以上が決まった結び付きをして特別な意味をもつようになった特別な語彙である。

【漢字】【随筆・小説語句】だけでなく、【四字熟語】【慣用句】も学習しよう。

(ウ)は〈結婚して家庭をもつ〉という意の【慣用句】「所帯を持つ」。①悪態（＝憎まれ口）、②台頭（＝〈頭をもたげるように〉勢力を増して進出してくること）、③怠慢（＝すべきことを怠《おこた》ること）、④安泰（＝穏やかで無事なこと）、⑤帯同（＝一緒に仕事をする者として連れて行くこと）。

したがって正解は⑤。標準的なレベルの漢字ではあるが、「所帯を持つ」受験生や「秘書を帯同する」人は少ないので、馴染《なじ》みが薄く解きにくかったと思われる。

三つの小問を通して、問われる【漢字】はすべて常用漢字であり、五つの選択肢に同音の異字を並べる形式であった。そのため、

「大学入学共通テスト」の【漢字】対策としては、五つ以上の同音異字をもつ常用漢字（漢和辞典や『生きる漢字・語彙力〈三訂版〉』（駿台文庫）の第7章など参照）を繰り返し学習すれば、確実に高得点が獲得できる。

ただし学習の際には、〈同音異義語〉への注意も必要である。

【漢字】【語句】は、常に意味とともに学ぶ習慣を付けてほしい。

【漢字・語彙力】は、読解・思考力の基本となるからである。

問2 因果関係を示す情報の 探求・取り出し

大学入試センターの公表した〈主に問いたい資質・能力〉の項目には、「言葉の特徴や使い方に関する知識・技能（文や文章）」「テクストの特定の場面における人物、情景、心情などを解釈することができる」力となっている。さらに、問2の〈小問の概要〉として「テクストの特定の場面における登場人物の特徴について、本文の中から適切な情報を示す」と書かれている。まずは、

設問文をしっかりと読もう。それによって初めて、必要な情報を 探求・取り出し することができる。

今回の設問文には、「『若者』の『風変わり』な点について説明する場合……どの文を根拠にするべきか」とある。したがって、「若者」が「風変わり」であるという判断の「根拠」と言える文を 探求・取り出し することが求められている。

「風変わり」の意味は〈様子・性質などが普通と変わっていること〉である。選択肢①〜④のうち、〈普通〉の「ツバメたち」（リード文）と〈変わっている〉様子について述べているのは、③だけである。③には「いつも夢のようなことばかり語るものだから……遠くを見るようなまなざしで語るばかりだったから、みんなそのうち興味をなくしてしまった」と書かれていて、「遠くを見るまなざしなど必要ない」（15行目）ような他の「ツバメたち」と異なる様子、すなわち「若者」が〈普通と変わっている〉と判断できる「根拠」が示されていた。

①については、「問題なく受け入れられた」と書かれており、この記述はむしろ「若者」が「風変わり」ではない方向性をもっているため、間違いとなる。

②については、「彼に興味を示すものは何羽もいた」

と書かれており、この記述もまた、彼が「見た目のいい若者」であることの結果、つまり、むしろ「風変わり」ではない方向性を示すものとして書かれているため、間違いとなる。

④については、「嫌われるほどのことではない」「あたしたちとそのまま一緒に過ごしていた」と書かれており、この記述もまた、むしろ「風変わり」ではない方向性をもっているため、間違いとなる。

> 正解の選択肢がもつべき〈方向性〉をしっかりと確認してから、解答の選択肢を決めよう。また、選択肢を間違いとする場合も、〈話題〉や〈方向性〉の異なるものなどを消去していくことが大切である。

正解の選択肢がもつべき〈方向性〉を確認することなく、本文中での記述の有無のみをもとにした安易な消去法だけに頼っていると、この設問のように〈選択肢全てが本文中に記述されてはいる〉ような場合に正解を考える思考力を養うことができない。

今回の問題は、間違いの選択肢がいずれも反対の〈方向性〉をもっていたため、易しかったと言えるだろう。

問3　同一テクスト内の二つの場面における関連する表現の　統合・解釈

大学入試センターの公表した〈主に問いたい資質・能力〉の項目には、問2と同様に「言葉の特徴や使い方に関する知識・技能（文や文章）」とあるが、問2と違って「テクスト全体における人物相互の関係の変容や心情の変化を適切にとらえたり、言動の意味を解釈したりすることができる」力を問うと書かれている。

問2では「テクストの特定の場面における」と書かれていたのに対して、この問3では「テクスト全体における」と書かれていた。この設問は、傍線部やその周辺の「テクストの特定の場面」を踏まえただけでは、解答できない設問だったのである。

傍線部の言葉はいずれも、目の前や心の中の相手に向けて語られる言葉である。傍線部B「わからないさ」は現実の「彼（＝若者）」から現実の「あたし」に向けての言葉であり、傍線部C「わからない」は「あたし」の心の中での自問自答であるが、現実の「あたし」から「あたし」の心の中の「彼(＝若者)」に向けての言葉であるとも解釈できる。当然ながら、「テクスト全体」に登場する「あたし」と「彼(＝若者)」の「関係の変容や心情の変化を適切にとらえ」たうえで、言葉の「意味を解釈」することが求められる。

またここでは、傍線部Bと傍線部Cに関する内容が、問3という一つの設問においてセットで聞かれているのだから、解答する際にも、両者をセットでとらえる必要がある。

> 複数の傍線部に関する設問がセットになっている読解問題は、テクスト全体からセットで解答を考えるようにしよう。

まず傍線部B「わからないさ」は、**〈第四の部分〉**の末尾近くにあり、別れる前の「彼(＝若者)」が「あたし」に言った最後の言葉である。それに対して、傍線部C「わからない」は、**〈第五の部分〉**にあり、別れた後の「あたし」が心の中で「彼(＝若者)」と「王子」に向けて自問自答をしている箇所の一部であり、**問題文**の**〈第五の部分〉**で解説したように、傍線部Cを含む部分「どうせあたしにはわからない」(65行目)は、傍線部Bを含む「君なんかには……わからないさ」(52行目)を受けての言葉である。

したがって、この二つの傍線部の言葉は、同じ「あたし」の語りによる物語の要素として、互いに響き合っている言葉である。このことをしっかり理解することによって、出題者の求める「テクスト全体における人物相互の関係の変容や心情の変化を適切にとらえたり、言動の意味を解釈したりすることができる」ようになる。

傍線部B「わからないさ」と「彼(＝若者)」が「あたし」に言っているのは、「僕らのやっていることの尊さ」(52行目)であるが、いくら自分たちが良いことをやっているという自負があったとしても、自分で自分たちの「やっていること」を、目の前の「あたし」に向けて「君なんかには」「わからない」「尊さ」と表現することは、かなり異様である。

ましてこの場面は、「明日は渡りに発つという日」(38

行目）のことであり、「なぜあなたがしなければならないの？　ここにいたのでは、長く生きられないわよ」（49・50行目）と自分のことを心配してくれている相手に対して、「馬鹿にしたような目」（51行目）をして「わからないさ」と発言するのは、過剰反応であると言える。何かそこには秘密があるはずである。

　そこで今度は、傍線部C「わからない」について考えてみよう。ここで「あたし」が「わからない」と言っているのは、「彼はなぜ、あの町に残ったのだろうか」（62行目）と「王子はなぜ、彼に使いを頼んだのだろう」（64行目）という問いの答えに関して、である。ここで問題となっている「彼」のことに関して言えば、**〈第四の部分〉**で「彼」が言った「僕が宝石や金箔を届けたら、おなかをすかせた若者がパンを、凍える子どもが薪を、病気の年寄りが薬を買うことができるんだ」（44行目・45行目）という説明や「君なんかには……わからないさ」という言葉を踏まえたうえで、「貧しい人たちを救うため、自分ではそう思っていただろう。あたしなどにはそんな志はわからないのだと」（62・63行目）と述べた後で、実は「でも本当のところは、大好きな王子の喜ぶ顔を見たかっただけではないか」（63行目）と、「あたし」は「彼」の行動をとらえている。

　この言葉は、問題文の**〈第五の部分〉**で解説したように、「あたし」の「彼」への一方的な愛情から出た表現でもあるが、傍線部B「わからないさ」と言っている「彼」にとって、「ここにいたのでは、長く生きられない」のに、「なぜあなたがそれをしなければならないの？」と問う「あたし」は、「貧しい人たちを救うため」という一種の「宝石や金箔」を「彼」の内面から剝ぎ取ろうとする存在である。したがって、自分たちの「やっていること」を「尊さ」の表れと考えず、自分の思いに酔っているだけの行為ではないかと非難されているように、「彼」には感じられたであろう。最終的に「でも本当のところは……」という考えに帰結する「あたし」の疑念、〈貧しい人たちのため〉というだけで自分の命を犠牲にできるものだろうか、本当の動機は別にあるのではないかという疑念を、「彼」は「あたし」の言葉に感じ取ったのである。傍線部Bに見られる「彼」の過剰反応は、自分の内面にこれ以上関わられたくないということの意思表示である。

したがって、傍線部Bの「説明として最も適当なもの」は【Ⅰ群】の②となる。

①については、「救われようと『王子』の像にすがる町の人々の悲痛な思いを理解しない……」が間違い。傍線部Bは、「王子」や「彼」のやっていることの「尊さ」が「あたし」には「わからない」ということであって、「人々の……思い」が「あたし」には「わからない」と「彼」は非難しているのではない。また、「町の人々の悲痛な思い」とあるが、「こんな悲しいことを黙って見ていることはできない」（43行目）という「悲痛な思い」をもつのは、「町の人々」ではなく「あの方（＝王子）」（42行目）であるから、この箇所も間違っている。

③については、「群れの足並みを乱させまいと……する」が間違い。「あたし」がこだわっているのは「群れ」についてのことではない。「どうしてあなたが」（47行目）「だけど、どうしてあなたが、その『誰か』なの？」（49行目）と、繰り返し「あなた」という〈個〉にこそ、強くこだわっているのである。また、傍線部Bの直前には「僕らのやっていること」と書かれていたので、「『王子』の行い」となっているのも間違い。さらに、「裏切られた」という表現もおかしい。「裏切られた」と表現する場合には、味方であるという思いや、信頼、期待、予想が前提として存在していなければならない。だが「彼」は「あたし」に対してそのような感情を抱いていないので、間違った説明である。

この設問では、たんに選択肢と合致する情報を問題文の中から**探求・取り出し**を行って解答を選び出そうとしても、正解に達することはできない。

傍線部同士の言葉の関係を見比べ、二つの場面を**統合・解釈**することが求められている。これまでの大学入試ではあまり見られなかったタイプの設問であると言えるだろう。

> 「大学入学共通テスト」では、同じ設問内の傍線部同士の関係などにも注意することが求められている。

傍線部Cについても、同様のことが言える。

「あたし」が「どうせあたしにはわからない」（傍線部Cを含む65行目）と自問自答する場面は、「君なんかには、僕らのやっていることの尊さはわからないさ」と、「彼」に言い放たれた別れの場面を受けていた。「あたし」が今さら「必要ない」（15行目）自問自答を続けるのは、「彼」が「君なんかには……わからないさ」と会話を打ち切ってしまったからである。「あたし」が「僕らのやっていること」の意味について「彼」に関わることを許されなかったことが原因となり、「彼」を好きであるがゆえの執着に根差す、わだかまりや苛立《いら》ちの感情が「あたし」の心の中で消えないのだろう。

また、傍線部Cの前では、「彼はなぜ、あの町に残ったのだろうか」という自問に対して、「本当のところは、大好きな王子の喜ぶ顔を見たかっただけではないか」（63行目）と自答していた。

以上のことから、傍線部Cの「説明として最も適当なもの」は【Ⅱ群】の③となる。

①については、「『王子』の像を金や宝石によって飾り、祭り上げる人間の態度は」とあるが、ここで〈話題〉になっているのは、「人間」のことではなく「彼（＝若者のツバメ）」のことであるから、間違いである。また、「理解しがたく感じている」とあるが、「本当のところは」以下で、自分の考えを明示しているのだから、この箇所も間違いである。

②については、「悔い」とあるが、直後に「どうでもいいことだ」（65行目）と語っているので、間違いである。「悔い」とは、「どうでもいいことだ」とできない感情のことである。また、「これから先の生活にもその後悔がついて回ることを恐れている」の箇所も、傍線部Cと同じ形式段落内の「春になれば……子どもたちを一緒に育ててくれる若者と所帯を持つことだろう」（65〜67行目）という表現に合わないため、間違いである。

この設問は完全正答でのみ、得点が与えられるという採点方式だったので、かなりの難問と言っていいだろう。しかし、傍線部Bと傍線部Cの言葉の関係を見比べ、二つの場面を**統合・解釈**することが求められている設問であるため、適切な採点形式であろう。

問４　異なる二つのテクストを〈比較〉し、作者の意図を推測する　熟考・評価

この設問では、「オスカー・ワイルド『幸福な王子』のあらすじ」である〈第一の部分〉を「X」とし、「その後の文章」である〈第二〜五の部分〉を「Y」として、両者の「関係はどのようなものか」と、テクストの全体について 熟考・評価 を行うことを求めている。

大学入試センターが公表した問４で問う〈高等学校学習指導要領の内容〉の欄には「文章の構成や展開を確かめ、内容や表現の仕方について評価したり、書き手の意図をとらえたりすること」とあり、また問４の〈小問の概要〉には「テクスト全体の内容を把握し、冒頭の原作のあらすじとその後のテクストとの関係を比較したり関連付けたりして適切に判断する」と書かれている。

〈複数テクスト〉の問題では、異なるテクストの関係を〈比較〉し関連付けることによって、それぞれのテクストについて 熟考 し、テクスト外の視点から書き手の意図や読み手にもたらす効果を考えるなどの 評価 を行うことが要求される

のである。

「X」とされた「オスカー・ワイルド『幸福な王子』のあらすじ」（1〜7行目）と、「Y」とされた「その後の文章」（9〜70行目）を比較したとき、形式の面において最も違っているのは、「X」が三人称を用いて客観的に語られているのに対して、「Y」が「あたし」という一人称を用いて、視点人物＝主人公により主観的に語られているということである。このことをしっかりと踏まえた適切な説明になっているのは、選択肢の②だけである。したがって、②が「二つ」のうちの一つの正解であろうと見当をつけることができる。その上で、選択肢の内容を細かく見ていこう。

②の「X」についての説明である「『王子』と『一羽のツバメ』の自己犠牲は、人々からは認められなかった」の部分は、「ツバメの死骸と王子の心臓は、ともにゴミ捨て場に捨てられた」（5行目）に該当する。また、「最終的には神によってその崇高さを保証される」の部分は、「『あの町からもっとも尊いものを二つ持ってきなさい』と神に命じられた天使が降りてきて、ツバメと王子の心

臓を抱き、天国へと持ち帰ったのだった」(5・6行目)に該当する。

②の「Y」についての説明である「献身的な『王子』」の部分は、自分を「飾っている宝石を外して……体に貼ってある金箔をはがして、貧しい人たちに持って」(41行目)行くように頼んでいることに該当し、「『彼』が命を捨てて仕えただろうことが暗示される」の部分は、「彼ははばたいて丘の上(=王子の像の立つところ)へと飛んで行った」(53行目)「彼が現れることはなく、やがて嵐がやって来て、数日の間海を閉ざした」(57・58行目)「彼もきっと、もう死んでしまっているだろう」(61行目)などから推測できる。また、「その理由はいずれも、『あたし』によって、個人的な願望に基づくものへと読み替えられている」の部分は、「でも本当のところは、大好きな王子の喜ぶ顔を見たかっただけではないか」(63行目)と「自分がまとっていた重いものを、捨てたかっただけではありませんか。そして、命を捨てても自分の傍にいたいと思う者がただひとり、いてくれればいいと思ったのではありませんか」(69・70行目)から推測できる。

では、もう一つの正解の選択肢を探そう。

今度は、先ほどのように形式の面からではなく、内容の面から「X」と「Y」を比較したときの最も大きな違いについて考えてみよう。まずこの問題では、問題文の【リード文(前書き)】で説明したように、リード文に「『捨てる』という題の作品集に収録されている」と書かれていたため、問題文を読む際に「捨てる」ということに関わる内容は、注意して読んでいく必要があった。「X」で「捨てられた」のは「ツバメの死骸と王子の心臓」であったのに対して、「Y」で捨てられたのは「自分(=王子)がまとっていた重いもの」と「彼(=若者)」の「命」であった。

まず、「X」で「捨てられた」「ツバメの死骸と王子の心臓」に関しては、「天使が降りてきて、ツバメと王子の心臓を抱き、天国へと持ち帰ったのだった」と物語られていることから、「自分の体から宝石や金箔を外して配るよう頼む」(2行目)「王子」も、「冬が近づいていても王子の願いを果たすためにその町にとどまっていたツバメ」(2・3行目)も、共に尊い存在として讃美されたということになる。

次に、「Y」で捨てられた「自分(＝王子)がまとっていた重いもの」とは、直接的には「金」「宝石」のことであるが、それらは「あたしたち(＝ツバメたち)には……用はない」(20行目)ものであるのに対して、「人間たち」(21行目)にとってはそうではない。「王子」の「像」は「全身に金が貼ってあって、たいそう高価な宝石も使われている」(19・20行目)せいで、「人間たちは……何かといえばその(＝王子の像の)まわりに集まって、列を作って歩くやら歌うやら踊るやら、仰々しく騒いでいた」(21・22行目)のである。問題文の〈第二の部分〉で説明したように、「ツバメ」＝「あたし」の視点によって、このように冷ややかに語られることにより、読者はこれらを「人間たち」の行為への皮肉として読むことになる。結局、「人間たち」が「大切に」(21行目)思っていたのは「王子」その人でもなければ、「王子」の「像」そのものでもなく、「金」「宝石」に過ぎなかったのである。したがって、「王子」が「金」「宝石」を「捨てたかった」のは、このような「何かといえばそのまわりに集まって……仰々しく騒」ぐ際の神輿《みこし》的な役目を負わされることから降りたいためだと考えられる。もう一度確認しておくと、「Y」で捨てられたのは、「自分(＝王子)がまとっていた重いもの」＝「金」「宝石」を身に付けさせられていること＝〈神輿的な役目を負わされること〉と、「彼(＝若者)」の「命」であったが、両者は共に「王子」の願望に基づいて捨てられたことになるのである。

「X」において「捨てられた」のは、すべて人間によってであり、「捨てられた」ものは「天使」によって「天国へと持ち」帰られた。一方、「Y」において捨てられたのは、すべて王子の願望に基づいたものであり、直接的に人間は関わっていない。

このように、リード文にあった題名である『捨てる』という言葉の意味が、「X」と「Y」では大きく異なっていたのである。このことをしっかりと踏まえて適切な説明を行っているのは、選択肢の⑥だけである。したがって、⑥が「二つ」のうちのもう一つの正解となる。

その上で、選択肢の内容を細かく見ていこう。

⑥の「X」についての説明である「貧しい人々に分け与えるために宝石や金箔を外すという『王子』の自己

犠牲的な行為」の部分は、「自分の体から宝石や金箔を外して配るよう」頼んだ結果として「みすぼらしい姿になった王子の像は溶かされてしまう」（4行目）と書かれていたので、適切である。また、「『一羽のツバメ』の献身とともに賞賛されている」の部分は、「冬が近づいても王子の願いを果たすためにその町にとどまっていたツバメは、ついに凍え死んでしまった」（2・3行目）とあり、さらに「天使が降りてきて、ツバメと王子の心臓を抱き、天国へと持ち帰ったのだった」と書かれていたので、適切である。

⑥の「Y」についての説明である「『王子』が命を捧げるように『彼』に求め」の部分は、「あなたは……命を捨てても自分の傍にいたいと思う者がただひとり、いてくれればいいと思ったのではありませんか」と書かれているので、適切である。また、「自らは社会的な役割から逃れたいと望んでいる」の部分は、先ほど説明したように、「自分（＝王子）がまとっていた重いもの」＝「金」「宝石」を身に付けさせられていること＝〈神輿的な役目を負わされること〉であることから、推論できる。「捨てるという行為の意味が読み替えられている」の部分も、先ほど説明したように、「捨てる」ことが「X」における人間たちの行為ではなく、「あたし」が語る「王子」の願望に基づくものとなっていることから、適切であると言える。

正解の②は、主に表現形式の面への注目から、正解の⑥は、主に表現内容の面への注目から導き出すことができた。

> どのようなテクスト（語句・文・文章・図表など）も、表現の〈形式〉と〈内容〉の両面からとらえることが大切である

と言える。

①は、「普遍的」（＝すべてに・時代や場所を問わず、当てはまる様子）「博愛」（＝すべての人を等しく愛すること）という部分が、「X」の全体像の説明になっていない。「Y」の説明については、「ツバメたちの視点」となっているのが、「あたし」という一羽のツバメの視点とすべきであり、間違いである。また、「強調」されているのは、「『彼』と『王子』のすれ違い」ではなく、「彼」

と「あたし」とのすれ違いであるので、これも間違いである。さらに、「神」については、「X」には「神」が登場し、「Y」には登場しない、というだけであって、「X」は「神の視点から……語られ」、「Y」は「神の存在を否定」しているというわけではない。

③は、「Y」の説明において「感情的な女性のツバメ」と「理性的な『彼』」と対比してとらえられている点が間違っている。「仲間たち」と共に「明日は渡りに発つという日」(38行目)に「彼」のことを心配して話をしに行く「女性のツバメ」を「感情的」と言うのは不適切であり、また逆に、「南へ」(34行目)「自分は行かない」(36・37行目)と決意して死を選び、心配する相手に「君なんかには、僕らのやっていることの尊さはわからないさ」(52行目)と告げる「彼」を「理性的」と言うのは不適切である。また、「救いのない悲惨な結末」とあるが、「王子」と「彼」のあり方が「救いのない悲惨な結末」と言えるかどうかは確定的でなく、「あたし」の自問自答で終わっているので、この部分も不適切である。

④は、「悲劇的に終わるX」となっているが、「X」の終わりは「天使が降りてきて、ツバメと王子の心臓を抱き、天国へと持ち帰ったのだった」となっているので、間違いである。また、「『彼』と家庭を持ちたいという『あたし』の思いの成就を暗示する」とあるが、「成就」(＝できあがる・成しとげる)するどころか、「彼もきっと、もう死んでしまっているだろう」(61行目)と語っているのだから、「成就」することはないので、間違いである。

⑤は、「愚かな人間たちによって捨てられた」とあるが、「『一羽のツバメ』の死骸」を捨てること自体を「愚か」と言うのは、不適切である。また、「Y」の説明として「仲間によって見捨てられた『彼』」とあるが、「彼」は「自分は行かない、と答えたらしい」とあるのだから、この説明は間違いである。さらに「自己犠牲として救済される」という説明も間違っている。むしろ〈自己満足として批判される〉とすべきであるから、逆方向になっていると言える。

したがって、問4の正解は②・⑥となる。

この設問は完全正答でのみ、得点が与えられるという採点方式だったので、相当な難問だと言っていいだろう。

すでに述べたように、正解の②は、主に表現形式の面への注目から、正解の⑥は、主に表現内容の面への注目から導き出すことができるものである。

問5　テクスト全体の構成の中で個々の表現のはたらきを考える 熟考・評価 **および** 構成・表現

大学入試センターが公表した問5で問う〈高等学校学習指導要領の内容〉の欄には「文章の内容や形態に応じた表現の特色に注意して読むこと」とあり、また問5の〈小問の概要〉には「テクスト全体の内容を把握し、観点として示された構成や表現の効果を適切に示す」と書かれている。

「【Ⅰ群】のa～c」の「説明として最も適当なもの」を「【Ⅱ群】の①～⑥のうちから」選ぶわけであるが、問われていることが多岐に渡る。

> 構成・表現 を問う設問では、問われている対象の性質から、〈出題意図〉をしっかりと把握することが大切である。

「a　1～7行目のオスカー・ワイルド作『幸福な王子』の記載」の箇所は、問題文の〈**第一の部分**〉の全体であり、先ほどの問4で「X」として考えた箇所にぴったりと合致している。したがって、問4のときのように、その後の文章「Y」との比較を通して「X」と「Y」の関連付けを行えるかを問うのが、出題意図だろうと推理できる。その観点に立てれば、④が正解とわかるだろう。

④にある「『王子』の像も人々に見捨てられる」に関しては、「王子の像は溶かされてしまう」（4行目）「王子の心臓は……捨てられた」（5行目）とあるので適切であり、また、それらが「『あたし』にも想像できなかった展開」と述べられていることに関しても、「Y」において「あたし」は、「もしまた渡りの前にあの町に寄って『幸福な王子』の像を見たら」（68行目）と語っているので、適切な説明である。aの正解は④となる。

「b　12行目『彼がいつも夢のようなことばかり語るものだから――』の『――』」とは、文中にある接続・言い換えの記号である〈ダッシュ〉のことである。ダッシュ「――」の前後のつながりをしっかりと把握できているかを問うのが出題意図であると推理できる。つまり「彼がいつも夢のようなことばかり語るものだから」(12行目)と「今まで見てきた北の土地について、これから飛んでいく南の国について、遠くを見るようなまなざしで語るばかりだったから、みんなそのうち興味をなくしてしまった」(12〜14行目)とのつながりについてである。前者の文には「彼がいつも……ばかり語る」とあるので、ここには「彼」の特徴が示されていたと言える。後者の文には「今まで見てきた北の土地について、これから飛んでいく南の国について」とより具体的な内容が示され、「遠くを見るようなまなざしで語るばかりだったから、みんなそのうち興味をなくしてしまった」と、「彼」の特徴である「いつも……ばかり語る」ことについての説明を加えている。ダッシュ「——」の後の文にある「遠くを見るようなまなざしで語るばかり」の部分は、ダッシュ「——」の前の文にある「夢のようなことばかり語る」の部分と内容的に重なっていると言える。

このことから、bの正解は②となる。②の「『彼』の性質を端的に示した」は、ダッシュ「——」の前にある「彼がいつも……ばかり語る」に該当し、「具体的な例が重ねられ」が、ダッシュ「——」の後に来る「今まで見てきた北の土地について、これから飛んでいく南の国について」に該当し、「その性質に注釈が加えられている」が、「今まで……遠くを見るようなまなざしで語るばかりだったから」に該当する。

③をbの解答として選んだ人もいただろうが、「断定的な表現を避け」が間違いである。「あたし」は、「彼がいつも……ばかり語るものだから」「語るばかりだったから、みんなそのうち興味をなくしてしまった」と「彼」について断定的な判断をしている。

「c　56行目以降の『あたし』のモノローグ(独白)」とは、問題文の**〈第五の部分〉**の全体に相当する。つまり、「彼」と別れた後の「長い長い渡りの旅を終えた「あたし」が、「沖のほうを眺めて」「彼が遅れて飛んで来はしないかと」(56・57行目)気を揉《も》んだ後で、「彼もきっと、もう死んでしまっているだろう」(61行目)と考えながら、「彼はなぜ、あの町に残ったのだろうか」(62行目)「王子はなぜ、彼に使いを頼んだのだろう」

〈64行目〉といった形で、「彼」や「王子」の行為や思いについて自問自答を繰り返す場面の全体ということになる。

このように**〈第五の部分〉**の全体を大きくとらえることができれば、cの正解は⑤とわかる。⑤の「『あたし』の」の後にある読点「、」には注意が必要である。「『あたし』の」の部分は、直後の言葉ではなく、「揺れる複雑な心情が示唆されている」につながっている。「揺れる複雑な心情」とは、「彼」への愛情、悔しさ、無力感、わだかまり、苛立ち、願い、切ない思い、「王子」への非難の気持ち、また未来へ向ける気持ちなどを指していると考えられるので、適切である。詳しくは問題文の**〈第五の部分〉**を再読してほしい。cの正解は⑤となる。

①は、「最終場面」について言及されていることから、cの解答として選んだ人もいただろうが、ここでの「物語の出来事」とは、「南の海辺の町」〈56行目〉での出来事とそこでの「あたし」の自問自答であり、最終場面はそれらを〈回想〉される〈過去〉としてではなく、「現在時」における「あたし」の意識の流れとして〈現在形止めを多用して〉叙述している。つまり、「物語の出来事の時間」と「現在時」とはほぼ一致しているので、①「ずれが強調されている」は間違いである。

⑥をcの解答として選んだ人もいただろうが、「成長」が間違いである。「c　56行目以降の『あたし』のモノローグ〈独白〉」の場面において、「あたし」は、「数日の間……沖のほうを眺め」る〈56・57行目〉という「遠くを見るまなざし」を持ちながらも、結局は「彼のような遠くを見るまなざしなど持たず……子どもたちを一緒に育ててくれる若者と所帯を持つことだろう」〈66・67行目〉と、最初の**〈第二の部分〉**〈14・15行目〉と変わらぬ価値観の中にいるのであり、また、「必要ない」〈15行目〉自問自答を続け、「あなた〈＝「王子」〉はただ……命を捨てても自分の傍にいたいと思う者〈＝「彼」〉がただひとり、いてくれればいいと思ったのではありませんか」〈69・70行目〉と、「あなた」のために「命」を「捨て」てしまった「彼」への執着を裏に秘めた言葉を口にしている。そしてここで問題文が終わっている以上、「成長」があったと読むことはできないので、不適切である。

第5問　松浦寿輝『あやとり』

解答

設問	配点	解答番号	正解	自己採点欄
1	各3点	1	①	
		2	②	
		3	②	
2	完答7点	4	①②⑧	
3	6点	5	③	
4	7点	6	④	
5	9点	7	⑤	
6	各6点	8	②	
		9	③	
合計				/50点

出典

【文章】は、松浦寿輝『あやとり』（河出書房新社発行『文藝』一九九六年夏季号掲載、二〇〇四年新潮社刊『そこでゆっくりと死んでいきたい気持をそそる場所』所収）の結末に至る一節。問6の**【資料】**は、宮沢賢治『やまなし』（『岩手毎日新聞』一九二三年四月八日掲載、筑摩書房刊『**【新】**校本宮澤（沢）賢治全集第十二巻』所収）の一節。出題に際し、やむをえぬ事情により、ルビの追加や、（**【資料】**について）旧かなづかいを現代表記に改めるなど、改変を行った箇所がある。

松浦寿輝（まつうら　ひさき）は一九五四年東京生まれの作家・詩人。東京大学大学院仏語仏文学専攻博士課程単位取得満期退学。パリ第三大学にて博士号（文学）を、東京大学にて博士号（学術）を取得。東京大学教授として教鞭をとるとともに、詩人・作家としても活躍。現在は東京大学名誉教授。詩集『冬の本』『吃水都市』『afterward』など、小説『花腐《くた》し』『半島』『川の光』など、評論『折口信夫論』『エッフェル塔試論』『知の庭園』など、多数の著書がある。

宮沢賢治（みやざわ　けんじ）は一八九六年岩手県生まれの詩人・童話作家。盛岡高等農林学校（現・岩手大学農学部）卒。農学校教員・農業指導者として活動するかたわら創作を行い、詩集『春と修羅』、童話集『注文の多い料理店』を刊行。一九三三年没。膨大な遺稿を中心とする作品は、『**【新】**校本宮澤賢治全集』（別巻および校異編を含め全一九冊）にまとめられている。

なお、『あやとり』は、問6(i)にも示した通り『やまなし』を踏まえた創作である（単行本の奥付には〈「やまなし」のカバーバージョン〉とある）。

問題文

【文章】について、本文の展開に沿って解説していこう。まずは〈前書き〉および本文の最初の部分に書かれている、〈状況設定〉を確認しよう。

・**「仔猫の兄と弟」**が「**飼い主たちとはぐれ**」「途方に暮れている」。

・それは、「戦争とか焼夷弾……人間たちはそんなことを口々に言い合いながら大慌てで荷造りして、トラックで出発した」、つまり**戦争で空襲があり**、「**飼い主たち**」**は避難しようと出発したが**、「（トラックが）揺れたはずみに、**二匹（仔猫の兄と弟）を入れた段ボール箱が荷台から転がり落ち**、**トラックはそれに気づかずそのまま走っていってしまった**」ためらしい。

・仔猫たちは、「最初はトラックを追いかけようとし、次に元の家に帰ろうとして」歩いているうちに夜が深まり、「川岸に来ていた」。

仔猫の兄と弟は「（飼い主たちが）きっと探しに来てくれる」などと話しながら、体を寄せ合って不安と寒さに耐えようとする。しかし、兄が「どきどきしてる」「震えてる」のは弟だけだ、と強がりをいうので、弟は「拗ねたように」身を離し、前足を伸ばして川の水に触れる。「たちまち痺れて感覚がなくな」るような**「冷たい水の中」**に、**「小さな蟹が何匹か」いる**のを兄と弟の仔猫は見る。

弟は「蟹もさぞかし寒いだろうねえ」「僕が手を突っこんだんで、蟹の家族はびっくりしたのかもしれない……かわいそうなことをしたなあ」という。兄は**弟の「やさしい気持」に感心するが、しかし兄の口から実際に出たのは「いよいよお腹が空いたら、その蟹を食べればいいんだから」ということば**で、そのことに自分でも驚き後悔する。**弟は「ひどいじゃないか」と「泣き出し」**てしまう。兄は申し訳なく思いつつ、「いよいよとなったら本当に蟹でも魚でもとって食糧にしなければならない」とも考える。――ここでは、**弟は蟹のことを思い**

やり、兄はその気持を尊く思いながらも〈自分たちは蟹を捕食する立場だ〉と考えてもいる。

その兄も、「暗闇」が「いよいよ濃く深くなってゆく」ように感じて、「僕らは二匹ともまだ子供なのに……こんなところで死んでしまうんだな」と思わずにはいられなくなる。が、そのとき「雲が切れて月が姿を現」す。「つい今しがたまで、あんなに深い闇に囲まれていたのに、**不意にどこにもかしこにも月の光が溢れかえってまるで水の中にでもいるようだった**」。兄の仔猫は「**僕たちはまるで水の中に沈んで水底の石の上にぺたりと坐りこんでいるみたいじゃないか**」「光は水のように流れたり溢れたりしているんだな」「**僕たちもあの蟹たちも同じことなんだ**」と思う。――ここでは兄は、**水の中の世界と地上の世界、蟹たちと自分たちを、それぞれ重ね合わせるような思い**になっている。

夜の闇に「炎の糸が……何本も絡まり合って伸びてくる」ような軌跡を描いて「焼夷弾が降って」くる（本文初めにあったように、仔猫たちはそれが（注１）のようなものだとはっきりわかってはいないのだが）。兄の仔猫はその美しさに「ついうっとり」する。――焼夷弾は「今度はほとんど仔猫たちの真上から降ってくるようで」、実際に「爆発音が轟いてからだが揺れ」るのだが、兄は「なぜかもう死が迫っているような気はしなくなってい」る。「実際、炎の糸が地上に届いて林が燃え上がったのは……川の向こうのずっと彼方のあたり」で、兄は「どうだい、何だかきれいだねえ」と弟に声をかける。ところが――

弟の姿が見えない。探し回っても見つからない。兄は「へたりこんで」、「さっきの爆発音で地面が揺れたとき……川に滑り落ちてしまった」のだと考える。**弟は「あんなに弱い小さなからだのまま、水底の蟹のいのちを気遣うやさしい心持のまま、ほんの何か月かこの世に生きただけで溺れて死んでしまったのだ」**と。

そのとき、「仔猫たちを呼びながら」近づいて来る人間たちの足音が聞こえ、兄は「たぶん、世界は……**ひとりの人の指と、もうひとりの人の指との間で、あやとりされている**光の糸の輪なのだ。**生き物のいのちと**は、きっとその**あやとりそのもののこと**なのだろう」

と考える。さて、これはどういうことを意味しているのか。――まず「生き物のいのち」について、このとき兄の仔猫の心を占めているのは〈弟の仔猫のいのちは失われてしまった〉ということである。それを彼は「ひとりの人の指と、もうひとりの人の指との間で、あやとりされ」たのだ、と感じている。弟は、特定の「ひとりの人」「もうひとりの人」によって殺されたわけではないので、これは具体的な人間を示すものだとは解釈できない。つまりこれは、「生き物のいのち」が、神とか、運命とかいったものに翻弄されているさま――ちょっとしたはずみで、生の側から死の側へ、また死の側から生の側へと、移り変わっていくさまを、「あやとり」にたとえたものだと解釈できる（他の箇所との関連を考えても、例えば「蟹」は、ちょっとしたはずみで、仔猫たちに〈食べられた＝死んだ〉かもしれない――あるいは、〈死〉を意識していた兄の仔猫が、「月が姿を現し」て風景が一変しただけで、「死が迫っているような気はしなくな」り、しかしそのとき、弟の仔猫の方は、爆発の揺れで川に落ちて死んでしまった、というように、この小説の中では、本当にちょっとしたはずみで〈生〉と〈死〉が入れ替わるのだ）。

次に「近寄ってくる足音」は、仔猫たちを探しに来た「飼い主たち」のものなのか、それともそれ以外の人間のものなのか。――「チッチッチと舌を鳴らして仔猫たちを呼びながら」とある以上、暗闇の中で〈猫がいるはずだ〉とわかって探している人間たちである。また、この〈呼び声〉を聞いて、兄の仔猫は「生き物のいのち」について先のような思いを抱くのだから、〈弟は死んだ、一方で、自分は生きのびられるようだ〉と感じたと解するのが自然である（それでこそ、〈こちら（生）からあちら（死）へ、あちら（死）からこちら（生）へ〉の「あやとり」になるのだから）。以上から、兄の仔猫は〈近寄ってくる人間たちは、自分たちを助けに来たのだ〉と思っている、と〈解釈〉するのが妥当だということになる。――小説などの〈文学的文章〉が〈問題〉として出題された場合の解釈のしかたとは、基本的には以上のようなものである。つまり、

〈文学的文章〉の問題において〈直接書かれていないこと〉を推測する設問では、ある箇所の内容・表現を、他の箇所の内容・表現とのつながりにおいて、より〈必然性〉の高い **解釈** をとる。

しかし一方で、最後の部分は、別の読み方をも可能にするような書き方がなされている、ともいえる。「耳を聾するような爆発音」とあることから、「川の向こう」に着弾した（炎を出す）「焼夷弾」とは別の（破壊用の）爆弾が実際に兄のすぐそばで爆発し、弟はそれによって死んだ、という可能性もあるのだ。また、そうだとすれば、飼い主らが仔猫たちを探しに来るにはあまりに危険な状況なのだから、〈人間が仔猫たちを救いに来た〉というのは、兄の仔猫の〈幻覚〉である、と解することも可能なのである（小説とは本来そのように重層的な解釈を可能にするものであり、今後の大学入試では、そうした別の解釈をも（小論文のように）評価していく幅をもたせた出題もあり得るだろう）。

ともあれ、問題文末尾の傍線部Ｃに関する今回の出題（問５）は、「**兄の仔猫の思い**」**を問う**ものであった。かりに（他人から見れば）〈幻想〉であっても、**兄はそれを〈現実〉だと思っていたのだから、それが〈兄の仔猫が思ったこと〉である点では変わりない**のであって、この問い方であれば解答は一つに定まる、ということになる（詳しくは〈設問〉の項で見ていく）。

（ちなみに、傍線部Ｃの前の「世界は、震動する一本の紐の輪なのだ」は、すべての物質を構成する基本要素は弦（ひも）であるとする物理学理論（超弦理論）を連想させる書き方だともいえる。興味のある人は、作者のこの導きに従い、考えをめぐらしてみるのもよいだろう。）

【資料】については、問６の解説で改めて見ていこう。

問題のねらい

名作として知られる童話を踏まえて書かれた小説について、内容や構成、表現、およびそれらの関連性を的確に読み取り、それらが読み手に及ぼす効果や、書き手の意図などを理解する力を問うとともに、問６では元となった童話と比較し、考えを深めたり適切な判断を下したりする力を問う。

〈文学的文章〉として、小説とその題材となった童話を題材とした〈複合型テクスト〉ともなっている。

求められているのは次のような力である。

① 〈文学的文章〉の内容や **構成・表現** を的確に読み取り、それらが読み手に及ぼす効果や、書き手の意図などを理解する力
② 〈複数テクスト〉を〈比較〉し、〈関連性〉を把握して **統合・解釈** する力

また、次のような力も求められている。

③ 条件に応じて適切に判断したり、〈応用的思考〉を展開する **熟考・評価** の力

設問

問1	知識・技能		
問2		統合・解釈	
問3		統合・解釈	
問4		統合・解釈	
問5		熟考・評価	
問6 (i)		熟考・評価	構成・表現
問6 (ii)		熟考・評価	

問1 【随筆・小説語句】の【語意】に関する 知識・技能

まず、語意設問の考え方についてまとめておこう。

【語意】設問は、基本的には知識の設問であり、〈（その語句にもともとそんな意味はないが）ここにあてはめると一応通じる〉だけのものは正解にならない。設問文に「本文中における意味」とあるのは、あくまで〈本来の【語意】（いわゆる〈辞書的意味〉）の中でその場にふさわしいもの〉を選べ、ということである。時に〈辞書的意味＋文脈上の意味内容〉

という形で出題されるケースもあるが、その場合もまず〈辞書的意味として正しいかどうか〉で選択肢をふるいにかけ、残ったものについて〈文脈上の意味内容〉で検討する、という手順になる（ただし、〈比喩〉や、【語意】設問としては単純すぎる〈日常表現〉について、〈本文中での具体的内容の説明を問う〉タイプが出題される場合もあり、その際には通常の読解設問として解答することになる）。

(ア)の「杜撰《ずさん》」は〈いいかげんで手抜かりが多い〉。この語意に最もよく合うのは①「いいかげん」で、②「確認が甘かった」③「厳密さに欠けていた」がやや近いか、というところ。そこで文脈を考えると、「急いだあまり紐のかけかたが杜撰だった」というのだから、②「気のゆるみがあり確認が」③「甘く見ており厳密さに欠け」はそれぞれ内容的に合わない。①「荒っぽく」なら「急いだ」結果としてありうることなので、これが正解である。④「拙劣《せつれつ》」は〈へたである〉という意味で、〈いいかげんで手抜かりが多い〉という意味とはずれる。また⑤「簡略化」「不確か」というだけでは〈いいかげん〉という意味にはならない。いずれも語意として誤りである。

(イ)の「きっと」は〈態度を改めて厳しく構える〉様子を表す語。具体的には「目を剝い」た、つまり〈怒って目を大きく見開いた〉のである。この語意に合う②が正解。①③は逆方向であり、④「鋭い目になって」は〈目を剝く〉の語意（目を大きく見開く）に合わない。⑤「驚き」も〈目を剝く〉の語意（怒り）には合わない。

(ウ)「錯綜」は〈物事が複雑に入り組んでいる〉という意味で、②が正解。他は〈傍線部と置き換えると一応通じる、というだけで、「錯綜」はそうした意味では用いない〉もので、【語意】設問の正解としては選べない。

【語意】設問では、置き換えだけで解答を決めないこと。

問２　指定された範囲における登場人物（弟の仔猫）の心情をおさえ、それを抽象化してとらえ直す 統合・解釈

問われているのは「本文27行目（「たしかにそれは蟹だっ

た」）～32行目（「……かわいそうなことをしたなあ」）における弟の仔猫の『蟹』に対する気持ち」である。関連する記述をつかんでいこう。まず弟の言葉として「**蟹も**さぞかし寒いだろうねえ、こんな冷たい水の中で」「僕が手を突っこんだんで、蟹の家族はびっくりしたのかもしれない。毛だらけの手がいきなり頭の上に伸びてきて、もう取って喰われると思っただろう……かわいそうなことをしたなあ」とある。さらに33・34行目には、このせりふの意味を（兄の心の中の言葉で）まとめた記述として「弟のやつ、**自分だって**ずいぶん凍えきって惨めだろうに、水の中に棲む小さな生き物を思いやる……気持があるんだな」とある。

以上を踏まえて選択肢を見ていこう。まず、〈**蟹も自分も**（**同じように**）寒さの中にいる〉という気持ちを表す言葉としては②「共感」がふさわしい。〈寒さをがまんしていて立派だ〉などといっているのではないから、⑥「称賛」はおかしい。

また、〈自分が手を突っこんだせいで蟹を驚かせおびえさせてしまった、かわいそうなことをした〉という気持ちを表す言葉としては①「自責（＝自分で自分のあやまちを責めること）」が適切である。③「恫喝（＝おどすこと）」や④「反発」はこれとは逆方向で、誤り。といって、⑤「卑下（＝自分を他より劣ったものとしてへりくだる）」は「かわいそう」という気持ちの表現としては不適切である。

さらに、右に見たような寒さと恐怖の中にある蟹を「かわいそう」だと「思いやる」気持ちを表すのは⑧「憐憫（＝あわれみ）」である。⑦「慈悲」は〈いつくしむ（＝かわいがり大事にする）〉という方向での〈あわれみ〉であり、ここでの弟の気持ちのような〈同情〉という方向での〈あわれみ〉を意味する言葉ではない。

大学入学共通テストでは、問2のように、

> **本文の〈具体的内容を↓抽象化〉し、あるいは〈抽象的内容を↓具体化〉して考える、〈具体⇅抽象〉を往還する思考力**

を問う設問が出題される。意識しておきたい。

問3　傍線部に関連する複数の記述から状況および登場人物（兄の仔猫）の心理をおさえ、解釈の妥当性を判断する　統合・解釈

傍線部Aは、「思わず知らず」口から出たものだ、とあり、兄が意識的に何かを伝えようとした言葉ではない。つまりこの設問では、「思わず」そのような言葉が出た、その（無意識裡《り》の）心理としても「**適当でないもの**」を答えることになる。

傍線部Aに関わる兄の「心理」としては、まず「いよいよとなったら本当に蟹でも魚でもとって食糧にしなければならないという気持が心の片隅にあるのも事実」（38・39行目）とある。①⑤はこれに合致するので、確実に適当」なものだといえる。

残る②③④については、〈本文に照らしてより妥当だといえる（根拠がある）もの、そうでないもの〉という視点で考えていく。

②の「弟はまだ幼いのだから、**兄である自分がしっかりしなければいけない**」という心理は、16行目からの会話で**兄が〈自分の心臓はどきどきしていない、自分は震えていない〉と言い張っている**ことに合致しており、また、傍線部Aが「弟のやつ……小さな生き物を思いやるこんなやさしい気持があるんだな」という心情に続いて、「思わず知らず」出た言葉であることにも――「やさしい」弟に対し、あえて（自分たちが生きるために）「残酷な」考え方をする立場を（無意識のうちに）とった、と解し得る点で――沿っている。

一方、③の「弟が口に出せずにいる本音」を傍線部Aの内容とする根拠はないし、「弟は……蟹のいのちを気遣うやさしい心持のまま……」（66〜68行目）とある通り、兄は〈蟹への思いやり〉を弟の真情だと考えている（つまり、それと反対の傍線部Aが弟の「本音」だと考えてはいない）ので、③が「兄の仔猫の心理として明らかに**適当でないもの**」つまり正解である。

④の「少しでも**先の見通し**をつけておく」は先に見た「**いよいよとなったら**……」を踏まえたものであり、また、10・11行目のやりとりや、後に訪れた弟の死を悲しんでいることなどから、傍線部Aの時点で**兄が**〈弟とともに生きのびたい〉と望んでいることは明らかなので、

④「弟のためにもなる」にも根拠がある。

〈文学的文章〉でも、読解問題の正解は〈本文に根拠がある〉解釈として設定されている。本文に直接書かれていることはもちろん、直接書かれていないことに関しても、〈本文の記述を根拠としてより妥当だといえるか否か〉が、解答を判断する基準となる。

問4　傍線部に関する広い範囲の記述から、状況および登場人物（兄の仔猫）の心理の変化を把握し、端的かつ抽象化された表現としてとらえ直す 統合・解釈

傍線部Bの前の段落に「暗闇はいよいよ濃く深くなってゆくようだった」（41行目）「死ぬってこういうことだったんだな」（42行目）とあり、傍線部Bの後には「月の光が溢れかえって」（48行目）「なぜかもう死が迫っているような気はしなくなっていた」（58行目）とあるので、①②③は「適当」（「生へ」「希望へ」は、〈現実〉として正しいかどうかはともかく、兄の仔猫が58行目のように思ったことは確かなので、設問「兄の仔猫の心理」としては「適当」だといえる）。

④「感情から理性へ」は、〈傍線部Bより前は「感情」的、後は「理性」的〉といっていることになる。しかし、傍線部Bの前にも「いよいよとなったら……」（38行目～）のように〈将来・現実〉の認識に即した「理性」的な心理はある。また、傍線部Bの後にも、先に見た〈幻想〉や「ついうっとりと……」（57行目）のような「感情」に支配された心理はある。④が「**適当でないもの**」つまり正解である。

⑤「現実から幻想へ」は、傍線部Bの前では「いよいよとなったら本当に蟹でも魚でもとって食糧にしなければならない」（38・39行目）と「現実」的なことを考えており、傍線部Bの後では「僕たちはまるで水の中に沈んで水底の石の上にぺたりと坐りこんでいるみたいじゃないか……光は水のように流れたり溢れたりしているんだな……僕たちもあの蟹たちも同じことなんだ」（51行目～）と、「幻想」的な想像をしていることに沿っている（さらにいえば、「焼夷弾」が「真上から降ってくるよう」な状況で「死が迫っているような気はしな」い（51行目）、というのも、

「幻想」だといえる。弟の死をもたらすような危険が実際には迫っていたのだから）。よって「適当」だといえる。

問５　傍線部に関する本文全体の記述から、直接記述されていない状況および登場人物（兄の仔猫）の心情を推測する　熟考・評価

これは問題文の最後の部分を参照してほしい。そこに根拠を示した通り、最後の部分は、

・「近寄ってくる足音」は、仔猫たちを探す「飼い主たち」のもの（a）

・「生き物のいのちとは……あやとりそのもの」とは、〈生き物の生と死は、（弟の仔猫と兄の仔猫のように）ちょっとしたはずみで〈生の側から死の側へ、死の側から生の側へと、行ったり来たりする〉という意味（b）

・「あやとり」をしている「人」とは、具体的な人間のことではなく、生き物にbのようなあり方をもたらす、〈神〉とか〈運命〉といったもののたとえ（c）

と解釈するのが妥当である。

ここから、①は「あやとり」の説明（b）がないので傍線部Cの説明として不足であり、「追手の人間たち」はaに反するので、誤り。

②は「弟は、爆撃によっていのちを奪われ」が不正確だし（正しくは〈爆撃の揺れのせいで川に落ちていのちを奪われ〉である）、「人間たちにもうすぐ捕まえられてしまう」が（「足音」を兄の仔猫にとって好ましくない存在のものととらえている点で）aに反し、「他の生き物のいのちは、人間たちの手中に握られている」もcに反するので、誤り。

③も「あやとり」の説明がbのようになされていない点で傍線部Cの説明として不足だし、また「せめて生きているあいだは、精一杯輝いてみせたい」が、兄の心理として本文に根拠のないもので、誤り。

④は「僕らは人間たちのもとから逃げ出し、自由になれたと思った」と〈兄弟が人間たちから逃げたいと思っていた〉という解釈になっているのが、４・５・10・11行目などに明らかに反し（それと連動して「ようやく、自分たちの力だけで生きのびていくことなどできないことを思い知った」もおかしく）、④「人間たち」を「敵で

あろうと(味方であろうと)」としているのがaに合わない。
⑤「あの明かりはたぶん、僕らを探しに来た人間たちのもの……僕は生きのびられそうだ」は先のaに、「せっかく焼夷弾が外れたのに、爆発の揺れで弟は川に落ちて死んでしまい、助けに間に合わなかった」は58～60行目および65・66行目に、「生き物はみな、こんなふうにほんのちょっとした偶然で、いのちを得たり失ったりするものなのだろう」は先のbに、それぞれ合致しており、これが正解である。

問6 (i) 複数の文章を関連させつつ〈主題〉を理解し表現のはたらきをとらえる 統合・解釈 構成・表現

> 「大学入学共通テスト」では、〈文学的文章〉の問題においても、さまざまな形で〈複数の資料の読解とそれらの 統合・解釈 〉などを求める出題がなされる。

【資料】の『やまなし』は、「日光の黄金」「光の網」にあふれる「**水の中**」(a)で、飛び込んで来た「かわせみ」に「魚」がとられた(食われた)(b)という出来事を、「兄さんの蟹」「弟の蟹」(c)および「お父さんの蟹」という「**蟹**」の家族(d)の会話を交えて描いている場面である。設問に、これを「踏まえ」て『あやとり』が「創作」されたとあるので、まず、『あやとり』の23行目～および47行目～で言及される「**水の中**」(a)「**蟹**」(d)との関わり、および『あやとり』の「仔猫の兄と弟」(c)との重なりに気づけるだろう。その上で選択肢を見ていき、「**適当でないもの**」はどれかを考えよう。

①の最初は右のcに沿っている。また「『僕が手を突っこんだんで』(31行目)以降の言葉」とは〈「蟹の家族」は「取って喰われると思っただろう」〉というものであるから、右のbを示す「『鉄砲弾のようなものが……』」に「対応するもの」だといえる(一方は「かわせみ」、一方は「猫」であるが、どちらも〈蟹にとっての恐怖の対象〉という意味で「対応」するのである)。①は「適当」。

②は「『やまなし』が**理想化された世界**を描いているのに対し、『あやとり』がより**現実的な世界**を描いている」が、妥当な説明とはいえない。『やまなし』も、〈魚がかわせみに取って食われる〉という〈現実の怖さ、厳

しさ〉を描いている。また、『あやとり』の兄弟の対立は、兄の仔猫が〈いよいよとなったら蟹を食べる〉と発言したことによるものだが、『やまなし』の兄の蟹も、魚が「何か悪いことをしてる……とってる」（８行目）という認識はもっている。したがって、『やまなし』が『あやとり』に比べて（より〈童話的〉だとはいえるかもしれないが）「理想化された世界を描いている」とするのは（少なくともこの場面については）妥当ではない。さらに②の〈兄弟の対立がなければ理想的、あれば現実的〉というとらえ方は、『やまなし』『あやとり』いずれについても、作品の核心から外れた説明であり、妥当な見方とはいえない。②が「**適当でないもの**」つまり正解である。

③「それまで『やまなし』における『かわせみ』の立場にあった兄弟の仔猫」は、先の**b**および（①・②で見たような）『あやとり』の前半の内容に沿っている（兄はもちろん、弟の仔猫も「蟹の家族は……取って喰われると思っただろう」と、自らがそうした「立場」にあることは認識している）。また③の、本文後半は仔猫たちが「『蟹』たちの立場に転じていく」というとらえ方も、51行目からの兄の心の中の言葉や、仔猫たちが明確に（爆撃によって）〈殺される〉側の立場として描かれることに沿っている。そして、このことを「さっきまで小さな蟹の歩くさままで透視することができた川の水の中は、今は水面があんまりきらきら光を反射するので、見えなくなってしまっている」という表現が「象徴的に示す」というとらえ方も、仔猫たちが〈水の中（殺される側）を見る立場（殺す側）〉でなくなった（殺される側の立場になった）という次元の転換を「象徴的に示す」ということであるから「適当」である。

④の前半で取り上げられている『あやとり』『やまなし』中の記述は、いずれも〈上から降って来る光〉という共通点をもつので、前者が後者を「踏まえたもの」とするのは無理のない解釈。また、いずれも確かに選択肢3行目の「美しい光」であり、一方で『やまなし』の「かわせみ」（先の**b**）は水中の生き物に、『あやとり』の爆撃は地上の者に、それぞれ「死をもたら」すものだから、④後半も「適当」である。

⑤「『あやとり』の……結びの言葉」は、問5の解説

で見たように、直接的には〈弟の仔猫は死に、兄の仔猫は生きのびた〉ことについての兄の思いを述べたもの。だが、⑤前半のように『やまなし』との関係を考えると〈〝殺される側〟であった仔猫たちも、「蟹」に対しては〝殺す側〟であり、しかもその「蟹」たちにも、仔猫たちと同じような〝生の営み〟があるのだ〉といったふうに、「より広がりと深みをもって読める」ということができる。⑤は「適当」である。

（え？〈蟹や猫が「互いに言葉を交わし、美しいものに心動かされ」るわけないだろ〉？ そう、もちろんこの作品は一種の寓話《ぐうわ》（たとえばなし）である。人間同士に置き換えてみれば――例えば、爆撃機の乗員にとって地上の人たちは〈殺すべき敵〉であるが、その人たちももちろん「家族をなし、互いに言葉を交わし、美しいものに心動かされ」る存在であり――逆に、地上の人たちにとって爆撃機は〈死をもたらす悪魔のような存在〉であるが、その乗員たちももちろん「家族をなし、互いに言葉を交わし、美しいものに心動かされ」る人間である……

え？〈自分は爆撃機に乗りもしないし、爆撃されもしない〉？――なるほど。しかしあなたは、何らかの形で〈攻撃する側／される側〉〈相手を食って（蹴落として）自分が生きる側／それをされる側〉の、いずれかになることもないのだろうか――本当に？）

(ii) (i)の 統合・解釈 に基づき〈発展的解釈〉〈応用的思考〉を展開する 熟考・評価

設問が問うている〈『やまなし』と『あやとり』との関係〉とは、右に見たように〈食われる（殺される）／食う（殺す）〉という関係をめぐるものである。具体的には、

> 『やまなし』
> 〈殺される〉側の「蟹」の視点から描かれている
> ↓
> 『あやとり』
> その「蟹」を〈殺す〉側の「仔猫」の視点から描かれ
> ↓
> 〈殺す〉側の「仔猫」が〈殺される〉側でもある

ということになる。したがって、この「関係」を「踏まえ」た、「『あやとり』をもとにした新たな創作」とは、

〈新たな創作〉{ 「仔猫」を〈殺す〉側の視点から描かれ(a)
↓
〈殺す〉側が〈殺される〉側でもある(b) }

という構造の作品だと推論するのが妥当である。これに沿うのは③「敵の戦闘機に追われつつ(b)焼夷弾を投下する爆撃機の乗員たちを主人公にした(a)物語」で、これが正解となる(具体的には、問6(i)の解説の末尾に示したようなことである)。

①「兄……が弟の死の悲しみを乗り越え親……に会うために旅をする」は『やまなし』の内容と無関係(『やまなし』では弟は死んでいないし、親と離れ離れになってもいない)なので、設問要求に合わない。

②「兄弟がまだ人間たちの家で暮らしていた……」も、①同様『やまなし』と無関係である。

④は〈殺される側が殺す側から解放されて安心する〉という話で、先のb(殺す側が殺される側でもある)を「踏まえ」ていない。

⑤も〈殺す側/殺される側〉が「友情で結ばれる」という話で、先のbを「踏まえ」ていない(弟の仔猫が蟹に〈同情・共感〉する場面はあるが、兄の仔猫はそれに反する言葉を発しているから、⑤は『あやとり』に関しても部分的なとらえ方でしかなく、核心をとらえたものとはなっていない。まして、『やまなし』では、かわせみと蟹や魚がそういう関係になっているわけではないのだから、『やまなし』と『あやとり』との「関係」を「踏まえ」た解答として、⑤を「最も適当なもの」として選ぶことはできない)。

問6は、〈現代文〉の設問としては見慣れないものだと感じられたかもしれない。しかし、「大学入学共通テスト」では、このような〈類推〉〈論理的推測〉〈応用的・発展的思考〉の力を試すという方針が打ち出されている。

〈一見異なるものの間に、要素・構造としての共通性・関連性を見いだす〉〈複数の具体的なものの中に、抽象レベルでの共通性・関連性を見いだす〉思考を用いる **熟考・評価**

に慣れていくようにしよう。

第6問　小池昌代「網」「かたじけない」

解答

設問	配点	解答番号	正解	自己採点欄
1	各3点	1	②	
		2	①	
		3	④	
2	8点	4	④	
3	7点	5	⑤	
4	6点	6	②	
5	8点	7	③	
6	各6点	8	①	
		9	④	
合計				／50点

出典

小池昌代「網」（『夜明け前十分』（二〇〇一年思潮社刊）所収）、「かたじけない」（『図書』二〇〇四年一月号（岩波書店）初出、『黒雲の下で卵をあたためる』（二〇〇五年岩波書店）所収）の全文。出題に際し、やむを得ない事情により、一部改変を行いルビを加えた箇所がある。

小池昌代（こいけ　まさよ）は、一九五九年東京都生まれ。津田塾大学国際関係学科卒業。詩人、小説家。詩集に『永遠に来ないバス』（現代詩花椿賞）、『もっとも官能的な部屋』（高見順賞）、『ババ、バサラ、サラバ』（小野十三郎賞）、『コルカタ』（萩原朔太郎賞）など、小説に『感光生活』、『タタド』（川端康成文学賞）、『たまもの』（泉鏡花文学賞）、『幼年　水の町』など多数の著書がある。

問題文

「大学入学共通テスト」の「二〇一八年度試行調査」の〈文学的文章〉の問題では、別々に書かれた詩とエッセイとを並べてその関連性を問う〈複数テクスト〉の問題が出題された。この問題はその形式にならって作成されている。小説や詩、エッセイといった〈文学国語〉の〈複数テクスト〉の問題にどのようにアプローチしていくか、この問題をその理解への一助として今後の勉強に取り組んでいって欲しい。

本問は詩歌（韻文）とエッセイ（散文）を組み合わせた〈複合型テクスト〉である。一般的に、書き手の考えや心情が直接的に書かれていることが多いのは散文の方なので、まずはエッセイの内容から見ていこう。

本文全体は二〇の形式段落（各形式段落を1～20で示す）からなり、大きく二つに分けてとらえることができる。久生十蘭の「母子像」について語る1～10と北原白秋の『雀の生活』について語る11～20である。この区分に沿って本文の概要を確認してみよう。

(Ⅰ)久生十蘭の「母子像」（1～10）

久生十蘭の「母子像」では、「美しいが鬼のような母」を慕う、青年・太郎の様子が描かれている。筆者、小池昌代はその一節に「ぞっとして立ち止まった」のだと語る。太郎は「一日じゅう母のそばにいて、あれこれと奉仕できるのが、うれしくてたまらない」。水汲みに行くのを「はやくいいつけてくれないかと、緊張して待っている」。そして「太郎さん、水を汲んでいらっしゃい」という母の声を聞くと「かたじけなくて、身体が震えだす」。太郎は「母の命令ならどんなことだってやる」のだが、それは「ある朝、母の顔を見て、この世に、こんな美しいひとがいるものだろうかと考えた」時からである。「その瞬間から」太郎は母に「手も足も出ないようになった」のである〈「母子像」の右の場面は、第二次世界大戦下でのサイパンが舞台である。「洞窟」というのは日本人が避難している場所である〉（以上、1）。

筆者は、この作品の中にある、「かたじけなくて、身体が震えだす」という一文が「特に心に刺青された（「刺青」（＝いれずみ）は、ここでは〈心に深く刻まれた〉という意味で用いられている）」と言う。この部分が本文の最初にある「ぞっとして立ち止まった」に対応している。筆者は「かたじけなくて、身体が震えだす」という表現に「ぞっとして立ち止まった」のである。「かたじけない」は既に「現代人の語彙からは失われて久しい言葉」だと言え、この部分の表現だけ「他から浮き上がった違和感を覚える」が、しかし「他の言葉ではどうしても言い換えられない、決定的な魅力を感じた」のであり、「かたじけない」というこの言葉一つで、久生十蘭の「母子像」は、筆者にとって独自の存在感を持つ（＝「そこにそそり立つ」）心惹《ひ》かれる作品となったのである（以上、2）。

筆者は3で「かたじけない」の語意に言及する。「はじるとか、はずかしめるという意味を含む字で、そもそも自らを徹底的に貶めることによって、相手を高め、相手への感謝を表すという仕組みを持つ語」のようであり、「相手が自分に与えてくれたものに比べれば、自分は、ずっと卑小な存在であるという、その差異の感覚が、言わせているような言葉に見える」と言う。つまり、太郎は美しい母を前にして「相手を高め」「自らを徹底的に貶め」ているのであり、「卑小な存在」である自分に母があれこれ言いつけてくれることに「感謝」し、そこにこの上ないよろこびを感じている（＝1「うれしくてたまらない」）ということである。

太郎には普通の子供が親に愛を求めるような「甘え」がなく、両者は「遠い距離を持」つ関係であり、この愛は「観念」的である（4）。また、親が子を自然と愛する「愛情の順路」（5）がないところで「子が親を一方的に思う」（「愛情の逆路」）という「徹底的に救われない親子関係」でもある（6）。それなのに相手の「内実とは一切無関係に、ただその存在に対して、『かたじけない』」と太郎は感じている（8）。これは「倒錯的」（6）とも「妄想」（8）とも言えるが、「しかし、自分自身を振り返って思うが」として9以降でこの「かたじけない」という言葉を筆者はとらえ返していく。

・「わたしの生活には、何かを畏怖するあまりに、自分をへこませなければ気がすまないというほどの対象がどこにも見当たらない」
・「これは単に、畏怖する対象の消滅なのか、それとも現代という時代に、それを許さない土壌があるのだろうか」（以上、9）

ここから一つの問題点を提示してくる。

・「かたじけないという言葉を眺めることで、わたしたちのまわりの、亡くしたもの、得たものが見えてくるかもしれない」（10）

問題文（I）において、「わたしたちの……亡くしたもの」として筆者が述べているのは、**ある対象への「畏怖」、つまりは「自らを徹底的に貶めることによって、相手を高め、相手への感謝を表す」という心性**であり、**「相手が自分に**

与えてくれたものに比べれば、自分は、ずっと卑小な存在である」とする思い[3]であることが読み取れる。

(Ⅱ)北原白秋の『雀の生活』(11~20)

詩人である飯島耕一の『白秋と茂吉』を読んでいた時、筆者は「かたじけない」という言葉に偶然出会う(11)。それは白秋の『雀の生活』の冒頭の一節のなかにあり、この本は「白秋が雀に対して、宗教的とも哲学的ともいえる考察を、子供のような心で綴ったものだ」と言う(12)。「一箇の此の『我』が、此の忝い大宇宙の一微塵子であると等しく、一箇の雀も矢張りそれに違ひは無い筈です。霊的にも、肉的にも。一箇の雀に此の洪大な大自然の真理と神秘とが包蔵されてゐる、……」(13)

飯島耕一はこのなかの「忝い」に注目し、「宇宙存在を思って「かたじけない」と言えた……白秋の持っていた心というものを、われわれは失ったのだ」と述べている(16)。この箇所が、[10]での筆者の主張、「かたじけないという言葉を眺めることで、わたしたちのまわりの、亡くしたもの……が見えてくるかもしれない」に対応している。

「白秋がここでかたじけなく思ったのは……宇宙という茫漠としたもの」に対してであり、「宇宙を在らしめている神秘の力に対して、かたじけないと感じたのかもしれない」(17)と筆者は述べる。**宇宙を存在させている「洪大な大自然の真理」**(13)**、つまりは大自然の摂理や「神秘の力」に比べれば、人間も雀も、「霊的」であれ「肉的」であれ「一微塵子」のような、ほんの取るに足らない「卑小な存在」**(問題文(Ⅰ))なのであり、**そんな存在にとって「洪大な大自然」は「畏怖」**(問題文(Ⅰ))**すべき対象だ**、ということである。**人間にも「一箇の雀」にも「洪大な大自然の真理」や「神秘の力」が「包蔵されてゐる」、つまりは生を享《う》けたあらゆる存在が神秘的な自然の摂理の表れにすぎない**、ということであって、「宇宙のなかの一存在」として生かされ「いま、ここにあること」が「かたじけない」ことだと白秋は考えたのかもしれない(18)、と筆者は語る。「『有難う』の最上級の表現」として「かたじけない」を見直すと、いま、ここに生きて「アルこと」が(自然の摂理のもたらした恩寵とも言える)奇蹟に近い「とても難しいこと」であり、自分を含めあらゆる存在

が生きてこの時空に「ある」というその奇蹟への「驚き」、「あることへの感謝」の思いに「かたじけない」という言葉が読めてきて、「この言葉は、ますますわたしたちから遠く離れて輝きだす」⑲と筆者は言う。

『雀の生活』が最初に発表されたのが大正九年、「母子像」が昭和二十七年、ということは「敗戦後数年までは……同時代の作品のなかに、この言葉がなにげなく使われていた」ということであり、それは裏を返せば今現在は使われなくなった（＝⑲「遠く離れて」）ということなのであって、この変化に「とても不思議な感じ」⑳を抱きつつも、「かたじけない」という言葉に込められた右のような思いこそが「わたしたちのまわりの、亡くしたもの」⑩なのだと筆者は本文で綴っている。

右の内容を踏まえて、詩「網」を見てみよう。

子供たちが「笑いさざめきながら」楽しそうに何度も何度も滑り台を滑り落ちている。その子供たちの「階段をのぼって」「滑り落ちる」「環をなす時間」に入れず「はじかれた大人の群れ」は、「球体」＝「環」の外で「混ざりあ」って（＝一群となって）見守っている。子供たちが「まぶし」く輝くこの「世界のいたるところから」「（環を）出たり（環に）入ったり／ひっくりかえったり／ぶつかりあったり／どんなにはげしくうごきまわっても」、「誰一人／この世の淵からこぼれないように／こぼさないように／見えない大きな存在の網が／すみずみまで／かれらを／すくいあげていく」。

ここでの**「見えない大きな存在の網」は、子供たちの誰一人としてこの世界から「こぼれないように」「こぼさないように」「すくいあげてい」き、その生き生きとした豊かな生を根底において支えている大いなる存在**のことを意味している。それはエッセイ「かたじけない」のなかで語られる、**「宇宙のなかの一存在である」**⑱**人間や雀の生を可能にする「洪大な大自然の真理と神秘」**⑬、**つまりは「宇宙を在らしめている神秘の力」**⑰と重なるものだと言えるだろう。これが「網」と「かたじけない」の両者に通底している、筆者の描くテーマである。

「大学入学共通テスト」では〈小説と小説〉あるいは〈詩とエッセイ〉といった、いくつかの〈文学的文章〉を〈比較〉し関連づける〈複数テクスト〉の問題が出題される。それらに〈共通〉する内容、ないしは〈対比〉される内容を取り出し、**統合・解釈**することが求められる。

今後このような練習を重ねる必要があるだろう。

問題のねらい

詩とエッセイの二つを関連付けながら、書き手の心情や意図、文学的な文章における構成や表現の工夫を読み取る力を問う。

文学的な文章として、同一の作者による詩とエッセイを題材としている。次のような力が求められている。

① 〈文学的文章〉の内容や**構成・表現**を的確に読み取る力
② 〈複数テクスト〉を〈比較〉し、関連性を把握して**統合・解釈**することで、テクストの理解を深める力
③ 条件に応じて適切に考え判断する**熟考・評価**の力

設問

設問				
問1	知識・技能			
問2		統合・解釈		
問3		統合・解釈		
問4		統合・解釈		
問5			熟考・評価	
問6 (i)	知識・技能	統合・解釈		構成・表現
問6 (ii)			熟考・評価	構成・表現

問1　【語意】に関する 知識・技能

言葉の意味に関する理解が求められている。

語彙力は読解力の根幹をなすものであるが、一朝一夕で身につくものではない。日頃から分からない言葉があれば辞書を引いてその意味を確認するとともに、学習書で能率的に習得するようにしてほしい。

(ア)〈さざめく〉は〈大声をあげて騒ぐ。にぎやかに話す〉。よって、正解は②の「大声で笑い騒ぎながら」。①の「笑って押し合いへし合いしながら」や⑤の「笑ってふざけ合いながら」を選んだ人がいるかもしれないが、

【語意】設問は、あくまでその語の持つ〈辞書的意味〉が、本文においてどのように用いられているのかを問う設問である。いくら前後の文脈との通りがよくても、〈辞書的意味〉にそぐわない選択肢は正解にはならない。間違えた人は今後注意しよう。

(イ)「繙く」は〈書物をひらいて、読む〉。〈紐解く〉とも書き、〈巻物のひもをほどいて広げる〉ことを語源とする言葉である。正解は、①。

(ウ)「畢竟するに」は〈結局のところ。要するに〉。正解は、④。大学入試で、ときに設問で意味を問われる言葉である。知らなかった人は覚えておこう。

問2　複数の〈文学的文章〉に共通する〈主題〉を読み取る

統合・解釈

詩とエッセイの関連性を問う設問。〈複数テクスト〉への理解が求められている。

問題文の最後、詩「網」に関して説明した箇所を読み直そう。詩の内容から、傍線部Aの**「見えない大きな存在の網」は、子供たちの誰一人としてこの世界から「こぼれないように」「こぼさないように」「すくいあげていき、その生き生きとした豊かな生を根底において支えている大いなる存在のこと**を意味していることが読み取れる。

この内容をエッセイ「かたじけない」と比較することになる。問題文(I)の箇所にも、「かたじけない」に関し、「自らを徹底的に貶めることによって、相手を高め、相手への感謝を表すという仕組みを持つ語」、「相手が自分に与えてくれたものに比べれば、自分は、ずっと卑小な存在であるという、その差異の感覚が、言わせているような言葉」[3]とあり、また「何かを畏怖するあまりに、自分をへこませなければ気がすまないというほどの対象」に対して使う言葉[9]であることが述べられているが、「母子像」の主人公、太郎の母への思いに沿っての説明であるので、詩「網」との連関が見えにくい。よって、問題文(II)、北原白秋の『雀の生活』に関する叙述の方から解答は考えていくことになる。

問題文(II)の箇所に着目すれば

・「一箇の雀に此の洪大な大自然の真理と神秘とが包蔵されてゐる」[13]

・「宇宙を在らしめている神秘の力に対して、かたじけないと感じたのかもしれない」⑰

・「雀も、その雀を観る我も、この宇宙のなかの一存在である。……いま、ここにあること、そのことが、かたじけないことである」⑱

といった叙述に行き当たる。この**「宇宙のなかの一存在である」人間や雀の生を可能にする、「洪大な大自然の真理」である自然の摂理や「宇宙を在らしめている神秘の力」**が、詩「網」で詠まれている、**すべての子供たちの生を根底において支えている大いなる存在に重なるも**のだと判断できればよい。以上の内容を踏まえている、④が正解である。

他の選択肢を確認してみよう。①はまず「悲しみ……生きる人間に……救い……をもたらす」という内容が詩からは読み取れない。また、エッセイも「救いと恩寵をもたらす……神」について述べたものではない。ここでの「神秘」は、「宇宙を在らしめている」人間には計り知れない自然の摂理に対して謂《い》ったものである。②は「圧倒的な権力者」が、③は「社会で共有されている様々な規律や道徳」が右の説明とは全く無関係な内容。⑤は親子の関係に焦点を当てている点で詩の内容とは無関係である上に、エッセイの前半で引用される「母子像」の描く愛情が、〈親→子〉ではなく〈子→親〉である点でもエッセイの内容からズレている。

> 詩とエッセイが並べられた場合、それぞれの〈主題〉を把握することが大切である。今回の問題では、エッセイの〈主題〉をとらえてそれを詩の〈表現・内容〉と〈比較〉し 統合 することで、そこにある〈関係性〉を思考し 解釈 することが求められている。

問3　引用文に対する筆者の思いを読み取る 統合・解釈

傍線部の理由を把握する設問。問題文(I)に関する理解が求められている。

問題文 (I)の内容を読み返してみよう。傍線部にある「ぞっとして立ち止まった」は、②にある、「『かたじけなくて、身体が震えだす』という一文」が「特に心に刺青された」に対応している。筆者は「かたじけなくて、身体が震えだす」という表現に、「ぞっとして立ち止まった」のであるが、それはなぜであろうか？　引用された「母子像」を読むと、美しい母に「手も足も出ない」太郎が母のいいつけに自ら進んで従い、そのことに深いよろこびを感じている様子が描かれている。太郎は母に「水を汲んでいらっしゃい」と言われると「かたじけなくて、身体が震えだす」。「かたじけない」は「自らを徹底的に貶めることによって、相手を高め、相手への感謝を表す」という意味の語であり、「相手が自分に与えてくれたものに比べれば、自分は、ずっと卑小な存在であるという、その差異の感覚が、言わせているような言葉」[3]である。**母に「一方的」[6]な愛情を抱いてその存在を絶対的なものに高め、自分を「卑小な存在」として母からあれこれ言いつけられるのをよろこび、それに感謝する太郎の様子**を、「かたじけない」という言葉が、**「他の言葉ではどうしても言い換えられない、決定的な魅力」**をもって絶妙に表現していたことに筆者は強く心惹かれたのである。以上の内容を踏まえている、⑤が正解である。

他の選択肢を確認してみよう。①は「愛情を欠く母親の態度の残酷さを浮き彫りにする太郎のしたたかさ」が右の説明にそぐわない。②と④は、太郎の「水汲みに行く時間だ」という言葉に焦点を当てている点で誤り。③は「太郎の卑屈な思いを、『かたじけない』という言葉が見事に示していた」が本文の内容からはズレている。母の「内実とは一切無関係に、ただその存在に対して、『かたじけない』と感じる」[8]太郎の思いは、他人から見れば「倒錯的」[6]とも「妄想」[8]とも言えるが、太郎自身はそれを「母親……に感謝し満足を覚えてしまう」「卑屈な思い」として（マイナスのものとして）意識しているわけではない（筆者久生十蘭も、そういうものとして描いているわけではない）。「かたじけなくて、身体が震えだす」のはあくまで「うれしくてたまらない」[1]からである。

問4　引用文の趣旨を筆者の論と重ねて読み取る　統合・解釈

傍線部の内容を把握する設問。問題文(Ⅱ)における、北原白秋の思いに対する理解が問われている。

傍線部および前後の内容をまずはよく読もう。「雀を観る」のは「此の『我』自身を観る」のと同じであり、「雀を識る」のは「此の『我』自身を識る」のと同じであって、「雀」と「我」は同じ存在であり、「皆一つに外なら」ない、というのがその内容。さらにこれを踏まえて白秋は次段落で、一人の人間である「此の『我』」であれ雀であれ「霊的にも、肉的にも」「此の忝い大宇宙の一微塵子」、つまりは**肉体も魂も大宇宙のなかのほんのわずかな「一存在」**[18]**＝「卑小な存在」**[3]**でしかない**（[9]に「かたじけない」に関し、「何かを畏怖するあまりに、自分をへこませなければ気がすまない」とある。白秋にとっては**「大宇宙」こそが、自分を「卑小な存在」だと思わさずにはいられない「畏怖」すべき対象だ**ということである）のであり、「一箇の雀」に（も此の「我」にも）「此の洪大な大自然の真理と神秘とが包蔵されてゐる」、つまりは、**雀も自分も洪大な自然の摂理や「宇宙を在らしめている神秘の力」**[17]**のほんの小さな表れにすぎない**、と語っているのである。以上の内容を踏まえている、②が正解である。

他の選択肢を確認してみよう。①は「はかなく消えゆく存在」が右の内容からズレている。また「肉体」や「魂」の「しくみ」を「神秘的」だとしている点も誤り。白秋は、人間や雀をこの世界に存在させる自然の摂理のことを「神秘的」だと述べている。③は「宇宙のなかを漂う不可思議な生命体」が（単に「生命体」の不思議さを述べただけで）「かたじけない」のはらみ持つ、大宇宙に対し自らを「卑小な存在」だと感じざるを得ないという白秋の思いにまで説明が届いていない。④は「自然の真理に遠く及ばない」が誤り。人間も雀も「自然の真理」の表れである。⑤は「生態系の不思議な連鎖」という〈話題〉が本文の内容とは無関係。

問5　〈文学的文章〉の〈主題〉を 統合・解釈 **し、さらにそこにある筆者の思いを読み解く** 熟考・評価

傍線部における筆者の思いを把握する設問。本文の〈論旨〉を把握することが求められている。

問題文 (Ⅰ)の最後と(Ⅱ)に着目しよう。(Ⅱ)は[9]、[10]で提示された内容を踏まえての、筆者の主張である。

まずは(Ⅰ)から、

・「わたしの生活には、何かを畏怖するあまりに、自

分をへこませなければ気がすまないというほどの対象がどこにも見当たらない」

・「これは単に、畏怖する対象の消滅なのか、それとも現代という時代に、それを許さない土壌があるのだろうか」

・「かたじけないという言葉を眺めることで、わたしたちのまわりの、亡くしたもの、得たものが見えてくるかもしれない」

次に、この問題提起の答えに相当する部分を問題文(Ⅱ)から(若干の修正を加えつつ)再掲してみよう。

飯島耕一はこのなか(白秋の『雀の生活』のなか)の「忝い」に注目し、「宇宙存在を思って「かたじけない」と言えた……白秋の持っていた心というものを、われわれは失ったのだ」と述べている⑯。この箇所が、⑩での筆者の主張、「かたじけないという言葉を眺めることで、わたしたちのまわりの、亡くしたもの……が見えてくるかもしれない」に対応している。「白秋がここでかたじけなく思ったのは……宇宙という茫漠としたもの」に対してであり、「宇宙を在らしめている神秘の力に対して、かたじけないと感じたのかもしれない」⑰と筆者は述べる。**宇宙を存在させている「洪大な大自然の真理」**⑬、**つまり大自然の摂理や「神秘の力」に比べれば、人間も雀も……ほんの取るに足らない「卑小な存在」**なのであり、**そんな存在にとって「洪大な大自然」は「畏怖」すべき対象**だ、ということである。**人間にも「一箇の雀」にも「洪大な大自然の真理」や「神秘の力」が「包蔵されてゐる」、つまりは生を享けたあらゆる存在が神秘的な自然の摂理の表れにすぎない**、ということであって、**「宇宙のなかの一存在」として生かされ「いま、ここにあること」が「かたじけない」ことだと白秋は考えた**のかもしれない⑱、と筆者は語る。「『有難う』の最上級の表現」として「かたじけない」を見直すと、いま、ここに生きて「アルこと」が(自然の摂理のもたらした恩寵とも言える)奇蹟に近い「とても難しいこと」であり、**自分を含めあらゆる存在が生きてこの時空に「ある」という**

その奇蹟への「驚き」、「あることへの感謝」の思いに「かたじけない」という言葉が読めてきて、「この言葉は、ますますわたしたちから遠く離れて輝きだす」[19]と筆者は言う。

『雀の生活』が最初に発表されたのが大正九年、『母子像』が昭和二十七年、ということは「敗戦後数年までは……同時代の作品のなかに、この言葉がなにげなく使われていた」ということであり、それは裏を返せば**今現在は使われなくなった**（＝[19]「遠く離れて」）ということなのであって、この変化に「とても不思議な感じ」[20]を抱きつつも、「かたじけない」という言葉に込められた右のような思いこそが「わたしたちのまわりの、亡くしたもの」[10]なのだと筆者は本文で綴っている。

以上の内容を踏まえている、③が正解である。「絶対的な存在」とは、白秋にとって**「自分をへこませなければ気がすまないというほどの」「畏怖」**[9]**すべき対象である、「洪大な大自然」**[13]のことを指している。

他の選択肢を確認してみよう。

①は、「かたじけない」が「今では時代劇などで侍が使うときぐらいしか耳にしない言葉」なのに、昔はそれとは違っていたことに「おかしみを感じる」、としている点が右の説明からズレている。

②は「戦前の国家体制」に焦点化している点が傍線部と無関係であり、誤り。

④は、「戦前から戦後にかけての明日をも知れない激動の時代だったからこそ、逆に一人一人が生の困難さを思い」が誤り。確かに『雀の生活』が書かれた大正時代から「敗戦後数年」まで「かたじけない」という言葉が使われていたことは傍線部の直前に書かれているが、筆者はその時代を特に「明日をも知れない激動の時代」だと述べているわけではなく、そこにおける「生の困難さ」と「かたじけない」という思いを関係づけているわけでもない。

⑤は「母子像」が「親子関係」のなかに「権力」を「見て取り」描いたとしている点が誤り。[4]に「『母子像』の太郎は、絶対的な権力者に対して、生涯の忠誠を誓う家来のようである」とあるが、これは「母子像」を読ん

だ時の筆者（小池昌代）の感想であって、久生十蘭がそれを意識して描いていたわけではない。また、古い時代の「文学作品」に「作家として憧憬の思いを禁じ得ずにいる」としている点も、「かたじけない」という言葉が「なにげなく使われていた」時代のあったことを「不思議な感じがする」と述べる傍線部自体の趣旨に合わない。

問6 詩とエッセイの表現について問う設問。

(i) **表現の〈技法・形式〉に関する** 知識・技能 **と、それらに基づきテクストをとらえ直す** 統合・解釈 構成・表現

詩の〈修辞法〉に関する設問は、「試行調査」でも出題されている。「帰納」や「演繹」をはじめ今回の選択肢に挙げられているもののいくつかは、実際にその「試行調査」で出されていたものである。これを機会にそれらがどのような表現の〈技法・形式〉であるのかを理解してほしい。

詩「網」では前半部分で「滑り落ちる」や「何度でも」が**繰り返し使われており**、**「反復法」が用いられている**ことが分かるので、正解は①と推理できる。なお、「出たり入ったり／ひっくりかえったり／ぶつかりあったり」は、〈並置された二つの句〉とは言い難いので、「対句法」ではない。

また、設問にある「次の文」の後半は、「詩の最後において表題（＝「網」）の持つ意味」がどのように「示されている」のかを問うている。問2の解説を参照しよう。「見えない大きな存在の網」は、〈人間の生き生きとした豊かな生を根底において支えている大いなる存在〉のことを意味している。**直接知覚できない〈大いなる存在〉を「網」という具体的な事物で間接的に表現しているので、「象徴的」**が適切である。

以上から、a「反復法」、b「象徴的」の①が正解。

> 「大学入学共通テスト」では、詩の〈修辞法〉をはじめとする表現の〈技法・形式〉に関する設問が出題される。それぞれがどのようなものであるのかを、普段から理解しておくことが大切である。

選択肢の語句を出てくる順で説明しておこう。なお、「付随」は〈主たるものにつき従う〉という意味だが、「付随法」という表現技法は特にない。

反復法…同一または類似の言葉を繰り返す表現技法。

倒置法…通常の語順と逆にして語句を配置する表現技法。表現を強調する効果がある。

（例）「出た！　お化けが」

対句法…並置された二つの句が語形・リズム・意味の上で対応するように作られている表現形式。

（例）「前門の虎、後門の狼」

象徴…直接知覚できない概念や意味などを、具体的な事物や形象で連想させ間接的に表現すること。

（例）「ハトは平和の象徴」

帰納…個々の特殊な事実や事例から、そこに共通する性質や関係を取り出して、一般的な命題や規則・法則を導き出すこと。

（例）「Ａ店もＢ店もＣ店もガソリンが値上がりしている」→「社会全般でガソリンが値上がりしている」

反語…話し手が自分の考えを強調するために、言いたいことと反対の内容を疑問の形で述べる表現方法。

（例）「そんなことがあり得ようか（いや、あり得ない）」

また、実際とは反対の事を言って、暗に本当の気持ちを示す表現技法。

（例）「（独裁者のことを）彼は正真正銘の民主主義者だ」

演繹…一般的・普遍的な原理や命題から、個々特殊な原理や事実を推論して導き出すこと。（⇕「帰納」）

（例）「人間はご飯を食べる」

↓←（ＡさんもＢさんもＣさんも人間である）

「ＡさんもＢさんもＣさんもご飯を食べる」

(ii) 〈文学的文章〉の〈表現〉と内容を関係づける 統合・解釈
構成・表現、およびそれらに関する説明の妥当性を判断する 熟考・評価

各選択肢の内容を確認していこう。

①について。「――」の後、「時代劇などでは侍言葉としてわずかに耳にするが、現代を舞台にした読み物においては、ほとんど見かけることはない」は、現代において「かたじけない」という語がほとんど使われていないことを述べたものであって、「かたじけない」の「本来の使用法」をここに「挿入」しているわけではない。したがって、選択肢後半の「それ（＝「かたじけない」の本来の使用法）との対比において」以降の内容も誤りである。適当でない。

②について。5における「感謝」も7における「親」も、親子の一般的なあり方を述べている文脈であり、「 」はその文脈で特定の語を強調するために用いられているのであって、特にこれらに「通常とは異なる意味」が込められているわけではない。したがって「『母子像』で描かれる世界が異質なものであることを読者に深く印象付けている」も誤りである。適当でない。

③について。筆者は「飯島耕一氏の『白秋と茂吉』」を読んで「『かたじけない』という言葉」に偶然出会い、16にあるような氏の主張に導かれ、それに沿う形で「かたじけない」の意を理解しているのだから、「筆者と対立する立場にある論者の意見を引用し」は不適切である。したがって、氏に「批判的な考察を加え……筆者自身の考えの独自性を際立たせ」ているわけでもない。適当でない。

④について。14に「（雀の）小さい身体が、集団で舞い上がったり舞い降りたり」とあり、その様子を「誰かが握り締めていた祝福が、ばらばらっと地上にばらまかれる**よう」だという直喩（＝明喩）を用いて表現している**ので、「比喩を用いて雀の様子を華やかに（＝「ばらまかれる」「祝福」）描写する」は適当である。また14冒頭に「わたしも雀は好きだ」とあり、15に「白秋が、このむしろ地味な日常的な鳥に、ここまで心を寄せているのが、意外でありうれしくもあった」とあるので、「筆者の雀に対する親愛の情と、同様に雀に心を寄せる白秋への共感」も同様に適当である。これが正解である。

〈修辞法〉である〈比喩〉および〈擬音語〉〈擬態語〉〈例示〉についてもまとめておくので、ここでしっかりと理解しておいてほしい。

比喩…共通性のある別の物事に置き換えて表現する修辞。

①直喩（＝明喩・シミリ）…比喩である言葉（「ように」「ごとく」「ほど」など）を直接的に明らかに用いる、比喩の一種。

（例）「りんごのようなほっぺ」

②隠喩（＝暗喩・メタファー）…比喩であることを示す言葉を隠し暗示して用いる、比喩の一種。

（例）「りんごのほっぺ」

③擬人法（＝活喩）…人間ではないものを人間になぞらえて用いる、比喩の一種。

（例）「月が微笑《ほほえ》む」

擬音語（＝擬声語）…現実の音声に似せて模写する言葉。

（例）「わんわん」「ざわざわ」

擬態語…状態・動作を感覚的に似せた言葉。

（例）「じわじわ」「てきぱき」

例示…同種類の物事の中から特に一部を取り上げて表現すること。

（例）「ケーキと言えばミルクレープとか」

おわりに

最後まで読んでいただき、本当にありがとうございます（最初にこのページを読んでいる人もいるでしょうが…）。

この本では、さまざまなテクストを通して、「思考力・判断力・表現力」を身に付けてもらおうと工夫しました。「大学入学共通テスト」に向けての学習としてだけではなく、自分で学習しながら成長していく生活のきっかけとしてもらえれば、著者の私たちにとって嬉しいかぎりです。

まずはあなたの素敵な大学生活に向かって！

現代文《げんだいぶん》 共通《きょうつう》テスト対策《たいさく》のエッセンス

著　者　霜《しも》　栄《さかえ》
清《し》水《みず》　正《まさ》史《し》
多《た》田《だ》　圭《けい》太《た》朗《ろう》
岩《いわ》科《しな》　琢《たく》也《や》

発行者　山﨑　良子
印刷・製本　日経印刷株式会社

発行所　駿台文庫株式会社
〒101－0062　東京都千代田区神田駿河台1－7－4
小畑ビル内
TEL. 編集 03(5259)3302
販売 03(5259)3301
《②－184pp.》

ISBN978－4－7961－1455－4　Printed in Japan

駿台文庫 Web サイト
https://www.sundaibunko.jp